努力が「報われる人」と「報われない人」の習慣

The Art of Making Your
Effort Bear Fruit.
-50 Psychology-Based Habits-

Strategies to Become
Successful in Life

RYO
TSUKAMOTO
塚本 亮

明日香出版社

はじめに

「努力は必ず報われる」という人もいれば、「努力した者が成功するとは限らない」という人もいます。

あなたはどう考えるでしょうか。

きっと本書を手に取ってくださったあなたはがんばり屋さんです。日々仕事や学校、プライベートで自分なりの努力をしているけれども、どこか報われないなぁと感じているのではないでしょうか。

私がこの本を書こうと思ったのは、まさにあなたのようにがんばり屋さんなんだけど、どこか報われないと感じている人が周りにとても多いことに気付いたからです。

2022年冬、まさにこの原稿を書いている最中に、カタールでサッカーワールドカップが開催されました。ベスト8を目指していた日本代表。予選リーグで下馬評を覆し強豪国を打ち破る快挙で日本中を沸かせましたが、結果はベスト16でクロアチアにPKで負けて去ることになりました。

選手のみなさんはこの大会に向けて誰にも負けない努力をしてきたのだと思います。そこから学べることは、望んだ成果は努力だけでは得られないということ。一流の世界は特にそうです。努力だけでは乗り越えられない壁が必ずあるということ。持って生まれた才能もあるでしょう。後天的な要素もあるでしょう。そして、運も作用するでしょう。

努力というのは望んだ成果を得るための手段ではあるけれども、それがすべてではないというのが正しいのではないでしょうか。

山登りをイメージしてみてください。

山頂までのルートはひとつではありません。どのルートで山頂を目指すのかを選択しなければならない。最短ルートを選択したとしても土砂崩れなどの予期せぬトラブルによって引き返さなければならなくなるかもしれない。

いい努力とは、まずはいい選択をすること。何を選び、何を選ばないかを決めることですね。

そして、仮にトラブルで山頂にたどり着かなかったとしたら、その結果をどう捉えるか。ムダだったと捉えるのか、そこから何かを学んで次に活かそうとするのか。もしかしたら努力が報われないのではなくて、報われないと感じているだけなのかもしれない。視点を変えれば、見える景色が変わるかもしれません。

私自身、子どもの頃は勉強ができず塾を転々としました。学年で一番太っていてスポーツも苦手。自分なりに努力はしましたが、成果を生むことはありませんでした。「どうせ自分には無理なんだ」と思い込むようになりました。心理学で「**学習性無力感**」と言うやつです。がんばっても状況が好転しないのは頭が悪いからだと思っていました。

でも本当は違いました。いい努力の仕方を知らなかっただけなのです。
いい努力に気付いた私は成績がぐんぐん上がるようになって、最終的にはケンブリッジ大学の大学院へ進学しました。今も仕事などで失敗することはいっぱいありますが、努力の方法を見直せば状況を好転させられるようになりました。

大切なのは、がむしゃらにがんばることではなくて、いい努力をすることです。
大切なのは、無理して自分を追い込むことではなく、賢い努力をすることです。

本書ではまず、いい努力と悪い努力とは何かをお伝えしたいと思います。
そして努力を少しでも成果につなげるための考え方や方法などのヒントをシェアしたいと思います。

本書を読めば、努力が報われるのか報われないのかはちょっとした差なんだということに気付くはずです。

今回のサッカーワールドカップで日本チームの監督だった森保一さんは、約30年前、日本代表だったときにワールドカップ出場まであと一歩のところで負けて涙をのみました。そこですべてをあきらめてしまっていたら、ベスト8を狙うチームを率いる今もなかったでしょう。そして、今回ベスト16に終わった選手たちも、すでに次に向けた努力を始めています。

さぁ、報われないなぁと感じているあなたの明日を、明るいものにしましょう。
いつからだって遅くはありませんよ。

塚本　亮

はじめに

第1章 報われない人が陥りがちな思考の罠 編

第2章 努力を正しく成果へつなげる軸編

第3章 評価される仕事のコツ 編

第4章 合格！達成！勝利！編

第5章 すり切れない人間関係編

第6章 これからを拓く生活習慣編

ブックデザイン：菊池　祐

第 1 章

報われない人が陥りがちな思考の罠編

01 努力が報われる人は努力を手段に過ぎないと考え、報われない人は努力を正義だと考える。

がんばる姿は美しい。これには何の異論もありません。

ただ、今あなたがしている努力が正しいかどうかは、別途、検討の余地がありそうです。正しいか正しくないかの定義は何でしょうか。

努力をしている姿を誰かに見せること？

成果を出すこと？

目的によって、**そもそも努力しないといけないのか、から考える必要がありそうです。**

〝努力すること〟自体が目的化してしまっている人をたくさん見ます。

「とにかく努力しなければ」「努力すればうまくいく」と考え、自分を追い込んでいるのです。そのような人ほど、「がんばっている」自分に酔って、〝努力している〟という事実に満足感を持ってしまいがちです。

あなたは今、何のために努力しているのでしょうか。

がんばっている人は美しいですが、がむしゃらに努力すればいいわけではありません。「自分が何をしたいのか」「そのためにはどうすればいいのか」を整理した上で、努力がその手段として必要であれば、努力する意味があるのではないでしょうか。

たとえば以前、「市販品の離乳食を子どもに食べさせている」と公言した人に反対意見がたくさん出て、大炎上したことがありました。Twitter では、「冷凍食品を食卓に出したところ『手抜き』といわれた」という投稿が議論を呼びました。

私は、イギリスに留学しているときに耳にした、こんなジョークを思い出しました。

「イギリスのお母さんの味は電子レンジの味」。

イギリスは日本ほど料理をする文化がありません。イギリスに住んで驚いたのは、スーパーにおける冷凍庫が占める割合。ほぼ半分じゃないかと思ったほどです。

それでも、イギリス人の友人たちは問題なく成長していました。

時間やエネルギーは有限です。

仕事や子育てなどをがんばって疲れている人に、料理までがんばれという意味はあるのでしょうか。ごはんを毎日手作りする努力が、果たして正しいものなのでしょうか。あれもこれもがんばらないと、というストレスから親の心の健康が保たれなくなっては、子どもの健康に配慮もできなくなってしまいます。

また、自分が経験した苦労を誰かにもさせないと気が済まない人がいます。でも、それでは時代は前に進みませんね。

たとえばお金を正確に数えたいなら、人が1枚2枚と数えるよりも、自動紙幣計算機を使った方が速いし、正確。機械で数えたからといって、「お前はお金を大切に扱っていない」だなんて誰も思わないでしょう。

たとえば私たちが学生の頃は、辞典をめくって言葉の意味を調べるよう指導されましたが、あなたは日常で今もそうしていますか？　スマホで調べた方が速いのだから、分厚い辞書から素早く調べる技術を磨くより、その時間を他に使った方が有意義ですよね。

これからの時代は、「人ががんばってやっていたこと」がどんどんロボットに取られていくでしょう。

そもそも何のためにそういうものが世に出てくるかといえば、世の中を便利にする、安全にするためです。ＡＩが行う方がミスなく速いならば、その仕事はＡＩに任せて、人間にしかできないことをやっていく。何もそれは手抜きではありません。

目的を考えていないと、がんばることが正義だと思ってしまいます。

でもそも自分がやらなくていいこと、自分ではどうにもできないことにまで時間と労力を費やすのは「正しい努力」とはいえません。自分ですべてやる必要はないのだから、テクノロジーを活用したり、周りにいる人にお願いをしたりしてやってもらう方が生産的ですよね。

つまり、努力は手段に過ぎないのです。

努力しなくても目標を達成できるのであれば、それでいい。

ムダな努力は捨てて、今あなたにしかできない部分に注力することで、目標の達成に近づくことができることでしょう。

02 努力が報われる人は過去形で自分をイメージし、報われない人は未来に不安を描く。

心理学では、**将来の自分をはっきりとイメージすればするほど、モチベーションを維持しやすい**ということが、さまざまな実験から確認されています。

1年後の自分はどういう自分になっているか。

目標を達成した先にどういう自分がそこにいるのか。

イメージが明確であればあるほど、そこに向かっていく力は強くなります。

×「お酒をやめて、健康的になる」

○「お酒に費やしていたお金を貯めて、ハワイ旅行に行く」

何かの病を患い、このままでは大変なことになるという状況でないと、なかなか健康的であることに対するモチベーションは湧きづらいのではないでしょうか。

それよりもハワイ旅行に行って美しいビーチやショッピングを満喫している自分をイメージする方がワクワクしませんか。

結局のところ、**ワクワクする自分像**がイメージできていないと、モチベーションがうまく上がらないときを乗り越えることはできません。

目標を立てるときには、その目的を持つことが大事ですが、その目標を達成した自分にワクワクできるイメージがついてこないと、それは目標ではなくただの願望です。

私は仕事柄、さまざまな国の方とお会いする機会があります。その度に「フランス語ができたらいいなぁ」「韓国語ができたらいいなぁ」などと思って、その言語の勉強を少しかじってはみますが、どれも数日でその思いは薄くなっていきます。

それぞれの言語で話ができたらかっこいいと思いますが、そういう言語をバリバリ使いまわしている自分をイメージできないんです。そういう言語を話せて仕事の幅が広がっている自分のイメージも特に持てない。だから、続きません。

ダイエットで「今年こそは10キロ痩せる」という目標を立てたとしましょう。10キロ痩せたらどんないいことがあるでしょうか。その自分をイメージできているでしょうか。達成した後のあなたの生活は今とどう変わるでしょうか。

「痩せて今年こそは海でビキニを着る」像がワクワクするのであれば、それはGOサインだと思いますし、多少気分が乗らないときでもダイエットしよう、誘惑に負けないでおこうという気持ちを持てると思います。

もうひとつ、**将来の自分を「過去形」で考える**のもおすすめです。

目標を達成した自分という未来から今を見つめてみるのです。

私は高3で同志社大学合格を目標にしたとき、大学のキャンパスで自分が勉強している姿を何度もイメージしました。

「同志社大学に入りたい」という未来形でなく、もうすでに合格して入ってしまっている自分という「過去形」で。

自分は確かにこの大学に行くんだという感覚を受験前から自分に植え付けたのです。

ケンブリッジ大学大学院へ進学したときも同じです。

世界のトップ大学で学ぶには英語力が足りないと認識していたので、まずケンブリッジの語学学校で1年勉強することにしました。そして自分がもうすでに、街全体が中世の教会建築に囲まれたようなケンブリッジで学んでいる姿をずっと頭に描いていたものです。

「将来の自分」を強くイメージする。

それは努力の土台となる動機を強くしてくれます。

身の回りですでに目標を実現している人たちをたくさん見て、触れること。

SNSなどネットの情報だけでなく、その場所に足を運んで、五感でいろんなものを感じると、動機はより強いものになるはずです。

動機が弱いと、モチベーションが揺らぐようなことがあったときに、ポキッと心は折れてしまいます。

その目標を達成した自分のイメージが強く持てないのならば、動機を強くすることに時間を少し割く必要があるかもしれませんね。

03 努力が報われる人は操縦可能なものに集中し、報われない人は知らない何かに翻弄される。

私がスティーブン・R・コヴィー博士の著書『7つの習慣』（キングベアー出版）に出合ったのは高校生の頃でした。衝撃的だったのは、**人生には「コントロールできるもの」と「コントロールできないもの」がある**ということでした。

私たちは普段、身の回りで起こっているさまざまな出来事に関心を持っています。景気や株価、明日の天気、期末の賞与、上司の機嫌、週末の予定、好きなスポーツチームの勝敗まで。

たとえば今週末にキャンプがあって、楽しみにしていたとしても天気を操作することはできません。上司が本心で話しているのかどうかを確認することも、そしてそれを操作することもできません。

にもかかわらず、なんとかできないかとヤキモキしても、それってムダな努力ですよね。**だったら、手放してしまった方がいい。**

自分の態度や言動は、変えようと思えば自分次第で変えることができます。そして、私たちは、態度や言動を通じて、自分以外に働きかけることはできますが、操作することはできません。

つまり応援するチームに声援を送って、選手たちが「勝てるようにがんばろう」という気持ちになるよう働きかけることはできますが、試合を操作することはできません。どんなに声援を送っても、残念ながら勝てないときは勝てないんです。

世の中は自分でコントロールできないものの方が多い。

だからこそ、そこへ気力をムダに使うことなく、自分自身をコントロールすることに集中したいですね。

そして、自分に何ができるかを考え続けるのです。

私はマッチャモーレ京都山城というサッカーチームを運営していますが、30人を超える選手を思うように動かすことは、とても難しいことです。「あいつはなんでやる気がなさそうなんだ」「あいつはどうしてこれがわからないんだ」と感じることがあります。

しかし、だからと言ってブツブツ言ったところで何も変わりません。イライラしても時間のムダ。ストレスを感じるだけで建設的ではないですよね。

チームとしてのルールを作ったり、みんなが同じ方向を向くような動きかけをしたり、環境を整えたり。

チームを良くするために自分に何ができるかを考えることしか、結局はできません。

私がまず主体的な姿勢、行動を続けるしかないわけです。

自分がコントロールできないことに関してクヨクヨ思い悩まず、「結局のところ自分に何ができるか」を考えることにフォーカスすると、行動が変えられます。

コントロールできないことはすぐに手放すようにしましょう。

「あいつをリーダーに育てたい」とあなたが思っても、相手にその気がないのならば、難しいものです。心を操作することはできませんし、本人の資質の問題かもしれません。

ならば、相手がその気になるようなきっかけを作るところまではあなたがしてあげて、後はゆっくりと見守り、当人の奮起にかけることです。


自分でコントロールできるものって実は意外と少ない。

見渡すと、そう感じるかもしれませんが、そこにエネルギーを傾けることしか、あなたにできることはないのです。


変えることができないことに時間を費やしていても、時間のムダ。

そういうことに努力しても、報われることはほぼありません。

あなたが変えられること、できることにフォーカスして行動してみる。

そうしたら状況が変わるかもしれないし、変わらないかもしれない。残念ながら結果はコントロールできません。でも、そこから学ぶことはたくさんあるはずです。


結果を残したい、もっといい人生を送りたい。

そう願うのであれば、まずは**「自分の努力でなんとかできること」**と**「そうでないこと」をはっきりと見極める**ところから始めましょう。

04 努力が報われる人は目の前のリアルにフォーカスし、報われない人は結果にこだわる。

私たちの周りには、自分が「コントロールできるもの」と「できないもの」があるとお話ししました。

ここで、努力の方法や方向性は、自分がコントロールできることですが、その**「成果」も自分の努力だけでは決定できない**ことを知っておいてください。

仕事なら、必ず相手がいますよね。こちらがどんなにいい提案だと考えて行動しても、最終的に受け入れるかどうかは相手次第です。

商品の売りをどんなにアピールしても、お客さんがほしいと思ってくれなかったら売れません。もっと商品の良さが伝わるように、資料や話し方を変えるなどのトライアンドエラーで、どうしたら相手の反応が良くなるかを追求していくしかできません。

試験でも、受かるかどうかはいろいろな要因に影響されます。出題側が最終的にどの部分をどこまで評価するか、ライバルたちがどこまで点数を稼ぐかというのは自分のコントロールの外にあります。あまり準備していなかったところを出題されたら、試験会場までの電車が止まったら……と不安な気持ちに襲われることもあるかもしれませんが、これらはコントロールできません。

もちろん結果もコントロールできません。

恋愛に例えればわかりやすいでしょうか。

どれだけ相手好みのファッションに合わせても、会話のレベルを磨いても、相手が自分のことを好きになる可能性が１００％になることはありません。こちらが知らないだけで恋人が他にいるのかもしれないし、今は恋愛よりも仕事に集中したいのかもしれません。

ですから、あまり**最初から結果を意識し過ぎない**ことです。

肩に力が入っている状態をやめて、今の状況を冷静に把握しながら、できることに意識を向けていくと、結果を出せる確率が上がります。

イチローさんは「結果はコントロールできないが、準備はできる。できる準備をすべて終えれば、準備にふさわしい結果がやってくる」と言っています。

結果を意識し過ぎると、良い結果は出ません。

90点を目標にしていた試験で、始まってすぐの問題でつまずいてしまったとき、あなたのメンタルはどんな感じになるでしょうか。

「やってしまった。もうミスは許されないぞ。このままではダメだ」「こんなはずじゃなかった」とネガティブな対話が自分の中で始まりませんか。自分を追い込んでしまって冷静な判断ができなくなってしまいます。

スポーツでも同じですね。

たとえばゴルフで「今日こそは100を切るぞ」と意気込んでラウンドをスタートしたものの、最初に何打も叩いてしまうと「あぁ今日もどうせダメだ」と早くも集中がキレてしまいます。

チームスポーツであれば、それぞれのチームが勝つための準備をして試合に臨むわけです。でも勝つチームはどちらか一方。勝率を高める準備はできるけれど、絶対はありません。思わぬ怪我に見舞われるかもしれないし、下馬評を覆してジャイアントキリング（番狂わせ）も起こる。まぁ、だからこそスポーツって面白いわけですよね。夢がある。

うまくいっているときはいいんです。

でも想定よりもうまくいっていないときは、結果を意識し過ぎることで焦りを生んだり、自分をもっと追い込んだりすることにつながってしまいます。

結果ではなく目の前のこと、自分ができること。

そこに意識を集中させれば、挽回できたかもしれません。結果に意識を集中させ過ぎてしまっては、不安が強くなっていくもの。自分の思い通りにしようとするから、ストレスでやられてしまいます。

「絶対に失敗してはいけない」と失敗にとらわれてしまったら、失敗しないことが目的になってしまって動けなくなることもあるでしょう。

結果にこだわって足が止まったり、イライラ自分を追い込むよりも、今、自分がするべきことに集中した方がよっぽど努力は報われます。

05 努力が報われる人は苦手を切り捨て、報われない人は平均思考で底上げを目指す。

世の中にはがんばった方がいいことは山ほどあります。

たとえば英語だけでなく、中国語やスペイン語、フランス語なんかも話せるとかっこい い。語学だけでなく、法律や科学、政治なんかもしっかり勉強しておくといいに越したこ とはありませんね。

しかし全部やろうと思っても時間が足りません。薄く広くなぞることはできるでしょう が、すべてを同じレベルに、深く学ぶのは極めて難しいもの。

人には得意分野も苦手分野もあって当然です。

なのに「自分に足りないもの」ばかりに目を向けてしまう人が多くいます。

そして、あれもこれも勉強不足だと考えていろんなものに手を出してしまう。

そうした**半端な努力が報われることは少ない**のです。

一方で、努力が報われる人は、何をして、何をやらないかを明確にします。そして自分がやると決めたことにエネルギーを割きます。

だから、トンガリが生まれます。丸いボールではなく飛び抜けたところと、そうでないところとのボコボコしたイメージです。

私がケンブリッジ大学の大学院に入学して最初に出された課題が、「知性はひとつかどうか」についての論文でした。

建築家とアスリートの知性を比べることはできないように、それぞれに求められる知性が違います。空間認識の知性、体を自在に動かす知性、言語的知性、数学的な知性……みんながみんな同じだったら面白いものは生まれないし、やはり面白いものは個性から生まれてきます。ひとつのことに集中して取り組んでいるから、いびつながらも人よりも突き抜けた力を持つことができる。そうしたことを書いた記憶が残っています。

全員が平均的だったら助け合いが生まれませんよね。

専門家やその分野に長けた人がいるから、相談することに意味があります。そして専門家は、苦手な分野があって当たり前。平均的にがんばったから専門家になれたのではなく、やるべき分野を自分で決めて、そこにエネルギーと時間をたくさん投じてきたから専門家なのです。

私が平均思考を捨てたのは大学受験のときでした。

理数系が苦手な私は、国語・英語・日本史で受けられる私立大志望に絞りました。受験までの限られた時間で5教科も取り組んでいたら、すべてが中途半端になってしまうと考えたのです。

徹底して選択したものに時間をかけたことで、確かにいびつな勉強の仕方にはなりました。周りからは「できていない科目をどうにかすれば」という声も聞こえてきました。でも、何のために平均的に勉強するのか？　と自問自答したときに、答えは出てこなかったので、きっぱりと捨てました。結果として、目標の大学に現役で合格できたのです。

何かを選ぶことは、何かを選ばないこと。それによって大切なものに集中できます。

何より、**時間という限られた資源を、絞った範囲に投下することでやはり結果は出やすくなる**ものです。受験に関係のない科目を捨てて、必要な科目にエネルギーを投下する。関係ないものは徹底的に無視するのです。

受験ばかりに限りません。あなたも、自分の強みと弱みを把握してみましょう。なかなか自分では難しいなら、次の2つを試してみるといいでしょう。まずは他人に聞いてみること。自分では自分の弱みはわかっても強みが見えづらいのですが、他人は意外と冷静に見てくれているものです。

そして、あなたが**苦にならず、ずっとやれてしまうこと**は何だったか、考えましょう。接客に関する本だとグイグイ読めるけど、政治の本だとすぐに眠くなるのであれば、接客には興味関心が強いわけですね。そして、そういうのがきっと好きなんだと思います。

中途半端にあれこれやっても深さは出せません。
がんばるところと捨てるところのメリハリが大事。
一点突破で自分の好きなことを極め、個性を磨くことに努力したいですね。

06 努力が報われる人は失敗も栄養にし、報われない人は起こってもない失敗を恐れる。

「失敗と書いて、成長と読む」

これは元プロ野球監督・野村克也さんの言葉です。

何かにチャレンジをするとき、

「こうやって失敗してしまったらどうしよう」

「失敗して恥をかいてしまったらどうしよう」

「うまくいく確率が低そうだからやめておいた方がいいかな」

というネガティブな思考が頭を駆け巡ることがあります。今の私だってそうです。誰だって失敗が好きなわけがないし、失敗よりも成功の方が嬉しいに決まっています。

でも失敗しないことを最優先するならば、何もしないのが一番。何もしなかったら失敗することはありませんから。ただ、何もしなかったら成長することもありません。

私が何かにチャレンジするときの判断基準は

「うまくいくか、うまくいかないかより、成長できるかどうか」。

短期的に見ると、たくさんの失敗やミスをおかしてしまうかもしれません。恥をかくことがあるかもしれません。しかしすべての体験から学ぼうと考えれば、何もかもをプラスに変えることができます。

「それをやってみることで、どんな学びが得られるだろうか」

という問いを自分に投げかけるようにしています。

今たとえ失敗しても、数十年後にそのことでクヨクヨすることはあるでしょうか。

あなたも過去を振り返ればたくさんの失敗を重ねてきたはずです。そのときは恥ずかしい思いをしたり、「自分はなんて情けないんだ」とクヨクヨしたりしてきたはずです。

でも今まで毎日クヨクヨを引きずっていますか？　おそらくそれはないでしょう。

むしろ短期的な成功が長期的な失敗を呼ぶことがあります。たまたまうまくいくことがあっても、その後に待っているのは慢心です。

私は、大学院入学と同時に、アパレルビジネスを立ち上げました。初めて本格的に起業して、すぐに成果を上げることができました。「稼ぐことがこんなにも簡単なのであれば大学院を卒業したら日本に帰って会社を大きくしていこう」と思い、ケンブリッジ大学での修士課程を卒えると、帰国してビジネスを本格的に稼働させました。

でも、「たまたま」時の運だったのでしょう。それを自分の実力だと勘違いをし、どんどんビジネスを広げた挙句、待っていたのは大失敗。「世の中ちょろい」と考えてしまったのですね。実際は、世の中それほど甘くありませんでした。

その大きな失敗は相当なダメージで、会社をたたんでしまった方がいいのではないかと何度も何度も自問自答しました。

でも、そこからも学んだことによって今があると思っています。グローバルリーダー育成機関を運営し、今またサッカークラブを立ち上げる糧となっています。

冒頭にあげた野村監督は、「勝ちに不思議の勝ちあり、負けに不思議の負けなし」という言葉も残しています。不思議の負けがない、必ず原因があるということですよね。

原因をしっかりと追求して、そこから学べば成長できると。

「成功か失敗か」にしか意識がいかないと、人は損失回避に走りやすくなります。これを心理学では**損失回避バイアス**と言います。有名な認知的バイアスのひとつですね。成功することより、失敗を避けることを重視してしまうのは、自然な心の働きなのです。


ただこれは、どの視点でそう感じているのかがポイントだと思います。

目の前ばかりを見ていれば、その失敗の持つ意味はとても大きく感じてしまうけれど、自分の人生を俯瞰してみるとそこまで大したことではない。

そして真剣な失敗が増えれば増えるほど、誰かの役に立てるようになる。

やったことがない人のアドバイスよりも、やったことがある人のアドバイスの方が説得力がありますよね。

うまくいってもうまくいかなくても、そこから何を学ぶのか。そしてそれを人の役に立てようと思えば、目の前の失敗は大きな価値を持つのではないでしょうか。

07 努力が報われる人は自分に期待せず、報われない人は過信でパンクする。

ずっとがんばった就活で、一社も受からなかった。

トップ営業として皆を引っ張ってきたのに、ちょっとしたミスで左遷になった。

誰にも、行動した結果はコントロールできません。でも**その結果をどう受け止めるかはコントロールできます**よね。

「なんでもっとこうならなかったんだ」「もっとこうしておけば、うまくいったはずなのに」というふうに受け止めることもできます。

一方で、「まぁ今の自分ならこんなものかな」「自分がやることだし、ミスをゼロにすることは難しいよね」と受け止めることもできます。

ストレスになるのは前者です。

自分に対する期待値が高かったにもかかわらず、結果が予想よりも悪かったので、その差が大きいことをストレスに感じているのです。同じ結果でも、自分への期待値が低かったら「そんなもんだよね」と受け止めることができます。

自分がもっとできると思うから落ち込むのです。**何があっても「自分はこんなものだ」「人生はこんなものだ」と思っていたら落ち込まなくてすみます。**

努力が報われる人は、このことを理解しています。

何も、自分に期待してはいけないと言ってるわけではありません。人は自分へ期待してしまうものだからです。もっとも大切なことは、目の前にある結果に**落ち込んでいるのはなぜなのかを冷静に把握する**ことだと思います。

捉え方によって、次のステップが変わってきますよね。

結果が悪かったとしか考えられないと、「次こそはうまくやる」「次こそはもっと良い結果を自分は出せる」というマインドにしかなりません。自分への期待が高いことに気付いていないから、ずっと苦しむことになっちゃうんです。

セルフ・コンパッションという言葉が心理学にはあります。

良い面も悪い面も含めて、**あるがままの自分を受け容れる**ことです。

セルフ・コンパッションが低い人は「こうありたい」「こうあるべきだ」という自分像に対して厳格なため、自分を追い込んでしまいやすいと言われています。うまくいかないことやしんどいことがあっても、自分に優しい言葉をかけることはありません。

そうすると、不安や怒りや悲しみといった感情に圧倒されてしまいます。（自分だけがしんどい思いをしている）（誰もわかってくれるはずがない）と自分を追い込んでは孤立してしまいがちです。

一方でセルフ・コンパッションが高い人は「こうであるべき」という理想を手放しているので、理想と現実の差を埋めるために、無理にあがく必要がありません。


あなたの家族や友達がうまくいかずに悩んでいるとき、ふつうはその人を批判したり怒ったりしませんよね。耳を傾け、状況や心情を理解しようとするはずです。

それと同じように、自分の心の声に耳を傾けて、自分がどう感じているのかをありのままに受け入れてみることです。

ひょっとしたら無理してがんばり過ぎてしまっているのかもしれないないし、本当はもっとラクに生きたいのかもしれない。それなのに「このままじゃダメだ」と自分に追い込まれているのかもしれませんよね。

心がパンクしてしまっては、努力が報われることはありません。

なりたい自分像や目標を持ってがんばることは、素晴らしいことだと思います。

けれど、思うようにいくことばかりじゃありませんよね。

そのときに「自分はもっとうまくできるはず」「もっと上を目指せる」などと考えて自分を追い込み過ぎる必要なんてないのです。

「これも人生」「これがありのままの自分だ」と降参してしまいましょう。

追い込み過ぎているかもと感じたときは、セルフ・コンパッション。

セルフ・コンパッションが高まると、自分の周りに本当に大切なものがあることに気付けると思います。

ときには「自分に期待しない」でいいのです。

第 2 章

努力を正しく成果へつなげる軸編

08

努力が報われる人は誘惑と戦わず、報われない人は誘惑との戦いを制する。

誘惑との戦いを制そうとする努力はムダな努力です。だから、努力が報われる人は、そもそも誘惑と戦わない工夫をしています。一方で、報われない人は誘惑に打ち勝とうと必死になっては、疲れ果ててしまいます。

2017年にカールトン大学のマリナ・ミリャフスカヤ教授とトロント大学のマイケル・インズリット教授が、159人の学生を対象に行った疲労に関する調査があります。この調査の結果、学生のストレスにもっとも関係するのは「誘惑物」でした。たとえば課題のレポートを書かなければいけないときに、周りにレポートとは関係ない漫画や雑誌があったり、スマートフォンの着信音があったり、友達から「遊びに行かない？」といった誘惑が多ければ多いほど学生はストレスを感じたことがわかったのです。

そして「目標達成率は誘惑物との接触回数に反比例する」ということもわかりました。つまり、何か**目標を達成したいと思ったら、誘惑に勝つのではなく、できるだけ誘惑物との接触を減らすこと**が大事。目標達成を阻む誘惑物が目や耳に入らないようにする、簡単にはそれと接触できないようにすることが大事だということです。

ダイエットしている人ならば、余計な食べ物を家に置かないことが大切。余分なお菓子やカップラーメンなどは買い置きしないようにするのです。

棚に隠して見えないようにしたところでお腹が減ったら「そういえばあそこにアレがあったな」とすぐに思い出してしまいますよね。自制したところで、長期的に見れば、それがストレスになって蓄積していってしまうのです。それだったら、最初から蓄えておかないことが大事ですね。

「でも、ケースで買った方が安いんで……」という声も聞こえそうです。

箱買いは確かに単価は安いですが、結局消費量が増えてしまい、経済的に得にならないケースの方が圧倒的に多いのです。「今日はこれだけにしておこう」と思ってもついつい……　私もビールでよくやります。

そこで、簡単に接触できない環境を優先する。

余分な買い置きをしないようにすれば、誘惑と戦う回数を減らすことができますね。

正しい努力を続けると大きな成果を得られることがありますが、続けるには、障害となるものを遠ざけておくことが欠かせません。

私の場合は、たとえば基本的には家では勉強をしません。というより、できません。

家にはいろんな誘惑があるからです。効率のいい学習をしようとすると集中力が必要になるのですが、テレビや雑誌が目に入ると、気になってしまいます。

「あ、録画してあったドラマをまだ観てなかった」と、真っ黒なテレビを見ても思い出すかもしれませんし、喉が渇いたからと冷蔵庫へ足を延ばしたら、忘れていた洗い物が目について、ついつい洗ってしまうかもしれません。

家の中には、自分に関するものが多過ぎるんですよね。

ソファが目に入ると、人は疲れやすくなると言います。「ちょっと疲れたから少しだけ休むか」と思っていた「ちょっと」が何時間にもなってしまう。

だから、私は勉強や執筆をするときはなるべく家を出るようにしています。その方がメリハリもつきますよね。
家はしっかりと休む場所と自分に覚えさせる。
休んで脳や身体をリフレッシュさせる、ということに集中できますから。

大学受験のときは、予備校の自習室にこもっていました。大学院を受験するときは、大学の図書館や語学学校の自習室にこもっていました。自分に関するものが身の回りにほとんどないから、気が散りにくくなるのです。それが集中しやすい環境です。

何をするかだけでなく、どういう環境を作り出すかは大きなポイントです。
まずは誘惑がなるべく少ない環境を選択することが大事ですね。
今は、スマホいじりをどう避けるかが最後の難関かもしれません。

努力はあくまでも目標を達成するための手段。
誘惑と戦わず、目標達成の障害をまずは自分から遠ざけてみてはどうでしょうか。
きっと努力が報われやすくなることでしょう。

09

努力が報われる人はhave doneを見える化し、報われない人はto doばかりを考える。

やることリストやto doリストを作っている人は少なくないでしょう。私も作っては、今日何をする必要があるかを整理して、優先順位をつけて取り組んでいます。

「今日はこの本の101ページから200ページまでを読む」とか「今日はスクワットを100回」とか目標を立てて、やることを紙に書き出したりして自分にリマインドすることは大切ですね。

書き出さずに頭の中でだけ「あれをやろう、これをやろう」と思っていても、忘れてしまうのが人間だからです。

しかし同時に、「やったことリスト」を作っている人はどれくらいいるでしょうか。

私はto doリストは付箋で管理しています。やることをひとつひとつ付箋に書き出して、順番を並び替えたりするためです（詳しくは『「すぐやる人」のノート術』を参照してください）。

そこで大事にしているのは、**終わった付箋はその日の最後まで捨てない**ということです。なぜならば、完了したタスクの付箋を残しておくことで、今日何を、どれだけやったかを目で見て確認できるからです。


心理学には「**自己効力感**」という言葉があります。「自分はそれを達成できそうだ」と自分に対する期待感のことなのですが、それを適度に高めることが、努力を続けて成果につなげるためのポイントです。

その自己効力感を高める方法のひとつが「自分がやったことの進捗を把握する」こと。「やったこと」を見える化して、確認すると「今日はこれだけがんばったんだ」と自分に認識させてあげることができるので、それがモチベーションの向上につながるのです。


人間の脳は完了したことはどんどん忘れていきます。だから、完了したタスクの付箋を捨ててしまったら、何をやったかを振り返るときに抜け落ちが発生してしまいます。

せっかくがんばったのならば、可視化できるように記録してみてはどうでしょうか。

私は、目標に向かって取り組みを続けるときに必ずやることがありま す。それはその目標専用のカレンダーを作ることです。ポイントカードのように、やろうとしていたことができた日は○をつけたり、ペンで塗りつぶしたりします。

ダイエットなら、ジョギングした日はカレンダーにどれだけ走ったのかを記録。スクワットを100回やったのならば今日の欄に「スクワット100」と書く。これくらいシンプルに記録するだけで充分です。

毎日腹筋を100回やると決めたら、そのために卓上カレンダーを用意して、やった日はペンで塗りつぶしていきます。やらなかった日は塗りつぶしません。自分のがんばりだけを「見える化」するわけです。

これを自分の部屋など目に見えるところに貼っておけば、部屋に入る度に目標への意識づけができるので、「明日もがんばろう」と目標達成の強力なモチベーションになります。

禁酒に取り組むのであれば、毎日「0㎖」とカレンダーに書き込む。貯金ならば、意識的に節約した金額を書き込んでみる。リスニングの勉強を30分したのならばカレンダーに「L30」と書き込んでいく。

カレンダーに毎日書き込んでいく快感がクセになっていきます。

毎日がんばらなければ、印が飛び飛びになり、毎日続けていると、カレンダーがきれいに埋まっていきます。

書き込んだ領域が増えていくと、「これだけ続けているんだな」と見て、直感的にわかるので、達成感が得られますよね。同時に、印が歯抜けになるのが気持ち悪いので、そうならないようにしようという気持ちを誘発することもできます。

つまり、シンプルに記録することでモチベーションを生むのです。人間の記憶とは曖昧なもので、記録しておかないと、どれだけちゃんと取り組めているか、確かでなくなってしまいます。逆に何日続いているかがわかると、それがモチベーションになります。

視覚的にわかりやすく記録していくことで、「自分は、がんばればこれくらいできるんだ」と感じることができますし、それが自信にもなることでしょう。

努力が上手な人は、記録でモチベーションを作り出しています。

記憶という曖昧なものに頼らずに、ファクトだけを淡々と記録していく。シンプルなツールを上手に活用して、モチベーションを操作しましょう。

10

努力が報われる人は抜きどころを明確にし、報われない人は大事なところでガス欠する。

サッカーは前半45分、後半45分、合わせて90分間動き回るスポーツです。そうなると当然、一生懸命走る体力が必要です。ですが、何のために体力が必要なのでしょうか。闇雲に走り回ることが目的なのでしょうか。

２０２０年と２０２１年、Ｊ１リーグを連覇した川崎フロンターレ。１試合当たりのチーム全体の走行距離の平均を見てみると、２０２０年は18チーム中18位。２０２１年は20チーム中18位だったのです。

優勝しているチームがよく走っているわけではないということがわかります。がんばって走る＝勝つではないのです。もちろん手を抜いているわけではなく、「走るべきところで走り、走らなくていいところでは走らない」のメリハリが徹底されています。

がんばって走っていても時間が経つにつれてスタミナがなくなり、足が動かなくなったら、勝負どころで全力疾走できない。

仕事や日常でも同じではないでしょうか。

1日は24時間しかありませんし、体力や集中力には限界があります。

勝負どころで力を発揮するためには、ある程度の体力を残しておく必要があります。

チームのために一生懸命走ることは、とても大切なことです。ですが、その力の使いどころを理解できないままだと、ただの体力のムダ遣いになってしまいます。

ですから、努力が報われる人は力の抜きどころではしっかりと力を抜き、がんばらないといけないところでがんばります。がんばりが成果にもつながります。

そのためには、**自分にとっての最優先事項を見極めて、そこに時間とエネルギーを投下すること。**自分にとって優先順位が低いものはすぐに手放す。つまり捨てる。

この徹底しかないと思います。

日々、やることはたくさんあります。無限に舞い込んできます。本当にやる必要があるのかどうかを判断しないと、どんどんやることは増えていくことでしょう。

自分にとっての重要度と緊急度を基準にすると、やることは以下の4つに分けられます。あなたの「やること」に、ぜひ以下の番号を振ってみてください。

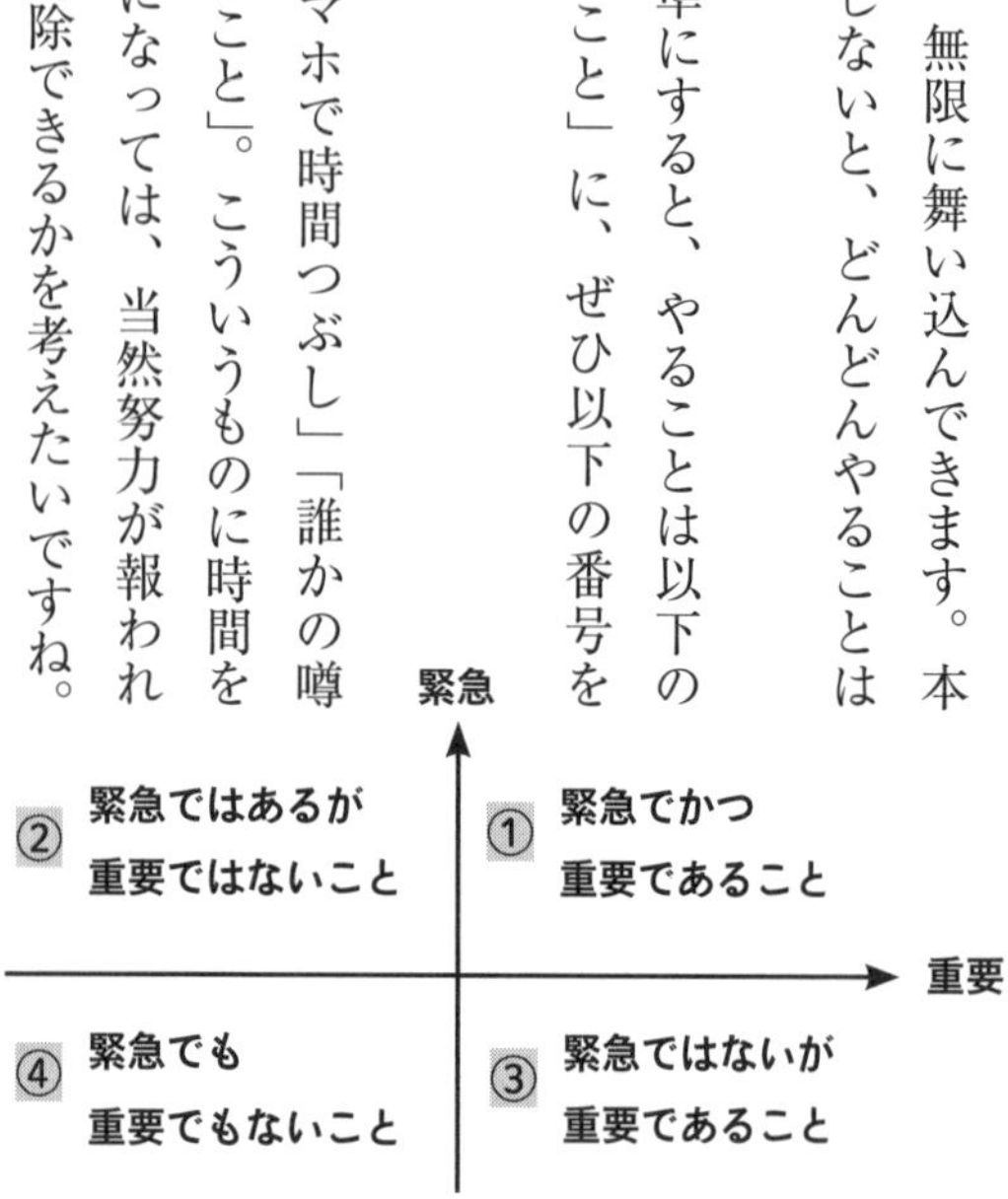

「ダラダラした目的のない会議」「スマホで時間つぶし」「誰かの噂話」などは④の「緊急でも重要でもないこと」。こういうものに時間を奪われて本来やりたいことが手付かずになっては、当然努力が報われる確率は下がるでしょう。どうしたら排除できるかを考えたいですね。

②「緊急ではあるが重要ではないこと」とは突然の来客や電話への対応で追われることや形式的な打ち合わせなどです。来客に対応してみたものの世間話で長時間取られる。気を遣って疲れてしまう。30分など区切ってなるべく時間を割かないようにしたいですね。

そしてあなたが時間やエネルギーを割くべきなのは①や③。

特に大事なのが③の「緊急ではないが重要であること」。じっくり育てていかないといけない、社外の人間関係や来年の計画、自分の将来に向けた勉強。豊かな人生の土台づくりには不可欠です。だから日々のスケジュールに組み込みたいものです。まずは1年後の自分像から逆算をして、いつまでにどこまでやるかを月単位に落とし込んで、日々「やること」に組み込みましょう。

①「緊急でかつ重要であること」は、緊急度が高いがために本当は重要ではないものを重要だと思って時間を割いてしまうことがあるので、「これをやらなかったらどうなるか」「本当に自分がやらなければいけない問題なのか」をくり返し自問しましょう。

あなたは、やらなくてもいいことに振り回されていないでしょうか。

振り回されているうちはがんばってもがんばってもザルに穴が空いているようなもの。

割くべきところに時間やエネルギーをしっかりと割けるように、やることとやらないことを整理してみましょう。

11 努力が報われる人はCAにこだわり、報われない人はPDで完全燃焼する。

ＰＤＣＡを知らない人はいませんよね。Plan（計画）→Do（実行）→Check（評価）→Action（改善）のサイクルをくり返し行うことで、継続的な改善を促す技法です。

「目標に対してアレをいつまでにこうして、これをこうしよう」と計画を立てる人はたくさんいます。一番ワクワクする工程かもしれません。そして計画倒れになるものがある程度はあるものの、比較的、Doの行動まではちゃんとやる人は少なくありません。

しかし、ここで終わってしまう人がとても多いように思います。

せっかくDoまで進んだのに、それがどういう結果に終わったのか、なぜそういう結果に終わったのかを検証せずに「うまくいったかうまくいかなかったか」だけの結果を確認して終わりなのです。

それはとてももったいないことです。

努力が報われる人は、この後のCheckとAction、つまりPDCAのCAにたくさんの時間を割きます。なぜなら、「世の中の多くのことはやってみないとわからない」からです。やってみて、どうだったかをしっかりと考えると、力が格段につきます。

たとえば私は大学の授業で課題を出した英作文を添削して、「しっかり見直しをして再提出してね」と伝えています。でも再提出をしてくる人は10％いるかいないか。

再提出してくる人は、どこがダメだったのかを見つめ直して、改善して提出しているので同じミスをしなくなります。

一方で大半の人は、返ってきた結果を確認して終わり。見直しをしたとしても「なるほど、そういうことか」と頭でわかって終わりなのです。

頭でわかっていることと、できることは違います。

ここにはとてつもなく大きな川が流れていると言ってもいいですね。

確かに見直しをじっくりやることは根気が要りますし、新しいことにどんどん手をつける方が前に進んでいるような気になります。ただ、ちゃんとやり直しをしないと、同じことをずっとくり返してしまうので、結局ザルで水をすくっている状態が続きます。

ミスをすることは仕方がないことです。でも、そのミスをくり返さない努力を徹底すると、大きな差が生まれるのです。

ましては勉強を通して得た知識は、試験や実践で、反射的に取り出せるものにならないとスキルとは言えません。**「わかっていること」を「できること」に変えるには反復が大事**なのです。

だからこそ、理解できていなかったことがわかったのならば、そこを改善するためにしっかりと時間をかけないと、同じことをまたくり返すだけなんですね。

私がケンブリッジ大学の大学院で学んでいた頃は、何度も何度も「リフレクションが大事だ」と言われました。**リフレクション**とは内省、自分のことを客観的に振り返ることです。つまり、**どこがうまくいっていて、どこがうまくいっていないのかを考える時間をしっかりと持ちなさい**ということでした。

計画通りに物事が進むことはありません。だからこそ、うまくいった点、いかなかった点を洗い出し、翌日からの素早い改善につなげるといったスピードを追求しましょう。

何かをどんどんこなそうとしがちな人。

どれだけやったかではないのです。本当に今やっていることに対する理解が深まっているのか、次は同じミスをくり返さないように、具体的な行動が取れているのかが大事ですよね。

「努力が報われる人」は前に進むことだけを価値だと考えません。ザルで水をすくいながら前進しても、何も残らないことを理解しているのです。自分がきちんと学び、成長しているのかにより意識を向けて、解消できていない問題としっかりと向き合います。

あなたは自分の行動をどれだけ振り返り、どう改善しようとしているでしょうか。

ひとつひとつの行動に意味をもたらすならば、ＣＡがとても大事です。ＣＡが自分の成長には不可欠だと理解しましょう。

12 努力が報われる人はサクサク環境で加速し、報われない人は水が合わない水槽でもがく。

ややすい環境でやる。

やりづらい環境で無理やりやろうとして消耗しない。

これが努力が報われる人の考え方です。

一方で報われない人は、場所を選ぶことの大切さをあまり理解していません。


最近はカフェで読書や勉強、仕事をしている人が増えましたね。

あなたにも「ここは集中できていい」というカフェがあるのではないでしょうか。

私もこの本を自宅近所のカフェで執筆しています。

カフェはなぜ集中しやすいのかというと、ひとつは前にもお話ししたように、やろうとしている仕事や勉強に関係ないものが視野に入ってこないからです。

そしてもうひとつ、少しざわざわした環境の方が、静まり返った場所よりも集中できることが心理学の研究でもわかっているのです。

イリノイ大学の研究によって、無音〜50デシベル程度しか音が聞こえない静かな環境（図書館や自習室など）よりも、70デシベル程度の雑音に囲まれた環境（カフェや雨音が聞こえる場所など）の方が、人間の脳は効率よく働くことがわかっています。

静まり返った場所だと眠くなることもありますし、人によっては小さな物音でも気になってしまって集中できないということがありますよね。

また他人の存在に影響を受けるとも言われています。

カフェなどで自分以外の誰かが勉強をがんばっているところを目にすると「自分もがんばろう」と思えますよね。逆に居酒屋でみんながワイワイしている環境ではそうは思えないでしょう。当たり前ですが。

私の場合、お年寄りがのんびりとエクササイズしているジムよりも、自分と同年代の人ががんばってトレーニングしているところを目にした方がやる気は出るので、そういった環境を選びます。

また、ケンブリッジ時代の私は、朝イチは自分の部屋にこもって論文や課題に取り組み、9時になると決まって図書館へ足を運んでいました。

それは図書館という、みんなが文献や論文と向き合っている環境に身を置くと、自然と集中することができたということが最大の理由です。環境の力を利用して追い込みたかったのです。

もちろん気分が乗らないときもありましたが、論文や課題のことは意識せずに、図書館までサイクリングしようくらいの軽い気持ちで自転車を漕ぎ出しました。

そして図書館に着くとやらざるを得ない環境に身を投じることになるので、自然と集中モードに切り替わりました。

無理に今ある環境で集中力を高めようとするのではなくて、環境を変えてみる。

あなたにも、がんばらなければいけないのに、気分が乗らないときはあるでしょう。

集中しなければいけないと頭ではわかっているのに、できない。
そんなときもあるでしょう。

これは自然なことです。
誰にでもそういうムラはあります。

そこで無理にがんばろうとし過ぎないことです。うまく進められない自分を責めない。
場所を変えてみる。
環境を変えてみる。
そうすると、まず気持ちを切り替えることができますね。

「ここに来るといつも集中できる」と思える場所を見付けておくといいですね。
自分ががんばりやすい環境はどこにあるのか。
平日は心地よいカフェも、週末はそうではないこともあるでしょう。
複数の選択肢を持っておくといいと思います。

13 努力が報われる人は戦略的にズル休みし、報われない人は徹夜してでもがんばる。

努力とは目標を達成するための一手段、とはお話ししてきた通りです。

ただ、ダイエットや勉強などは一朝一夕に達成できるものではありません。

「継続すること」が目標を達成する上で不可欠です。

これまでたくさんの人に勉強の指導をしてきましたが、成果を出す人はズル休みがうまく、一方で、がんばっているのにもかかわらず思うような成果が出ない人は、休み方が下手だなという印象を持っています。


ダイエット期間中は摂取カロリーを減らしたり、食事制限したりしますよね。それだけ自分の欲求にフタをしてがんばっているわけですから、ストレスを感じるもの。上手に息抜きしないと、モチベーションが下がり、続けることが難しくなってしまいますよね。

しかも体重は上がったり下がったりをくり返しますから「がんばっているのにうまくいかない」とストレスを感じて挫折してしまう人も少なくありません。

私がケンブリッジの大学院を目指していた頃の話です。

まず、イギリスの語学学校に通ったのですが、正直なところ、出願に求められる英語力の高さに何度も心が折れそうになりました。「このままではダメだ。もっとがんばらないと」という思いが強過ぎて、気付いたら数か月間、全く息抜きをしていませんでした。

あるとき、友人が「週末ショッピングにでも行かない？　一度勉強から離れてみることも大事だよ」と声をかけてくれて、ハッとしました。「がんばらなきゃ」と自分を追い込み過ぎて疲弊していたことに気付いた瞬間だったのです。

いつもはたくさんの本をバックパックに詰めて出かけていましたが、その週末は空っぽにして友人たちとショッピングや食事を楽しみました。

「しっかり休んだから明日からまたがんばるぞ！」と新鮮な気持ちで勉強に取り組む。すると、今までうまく消化できなかったものがスッと入ってきたり、長時間集中できるようになったりと、どこか引っかかっていたものが取れたような感覚も覚えたものです。

いい努力をするためには、サボり上手になる必要があります。

チートデイという言葉を聞いたことがありますか？

これは「ズル休みする日」のことです。

アムステルダム自由大学の研究では、「チートデイ」を設けた人と、設けなかった人の比較をしました。結果として、**「チートデイ」を設けたグループの方が、目標に向けて継続的に取り組むことができた**のです。

チートデイを設けることで、次の3つの効果を得られることが研究から導かれました。

・セルフコントロール力を回復できる
・モチベーションを維持しやすくなる
・感情が安定しやすくなる

ダイエット中でも「好きなものを食べていい日」を作った方がうまくいきやすいと言います。

何か月も減量生活を続けていると、体重が落ちる時期は楽しいのですが、やがてそうでない時期が来ます。

そういうときにケーキやラーメンなど、「好きなものを食べていい日」を週1回作っておく。このようにチートデイをうまく活用すると、モチベーションの低下を突破しやすくなります。

プロアスリートである友人は、週1回はチートデイを作ってマクドナルドに行くそうです。それ以外の日は徹底して食事管理をしていますが、チートデイを毎週の楽しみのひとつとすることで、食事管理もトレーニングもよりがんばれると言っていました。

何事も続けていると、いいときとうまくいかないときの波が来ます。いいときは気持ちも乗っていますから疲れを感じづらいですね。しかし、ちょっと停滞する時期が来ると「なんか疲れてきたな」と感じます。だから、そう気付いたらすぐにチートデイを作ってみてください。そこで、このままではダメだとさらに自分を追い込まないことがポイントです。

14

努力が報われる人はあるべき自分を軸にし、報われない人は誰かの評価を軸にする。

人から認められたいと思う気持ちを「承認欲求」と言います。これはもうあなたもご存じのことと思います。

人は誰しも一定の承認欲求を持ってしまうもので、これはある程度自然なことです。だけれども、承認欲求によって本来の努力の方向が変わってしまうことがよくある。それが問題なのです。

必要以上の承認欲求があると、**人の評価や人の目が気になったりして、自分が何のためにがんばっているのかがわからなくなってしまいます。**

本来はなりたい自分像に近づくため、成し遂げたい目標を達成するために努力を重ねていたのに、いつしか人に認めてもらうことが目的のようになってしまうと困りますね。

私の経営するマッチャモーレ京都山城というサッカークラブでは、無償のサッカー教室を平日はほぼ毎日開催しています。

ボール禁止の公園が多く、自由にボール遊びできる環境が奪われていって、遊びの中から学ぶ機会が減っています。だから私たちがグラウンドを借りて、子どもたちが思いっきりボール遊びできる機会を作り出そうという取り組みです。

ボールやシューズなどの用具ももちろん不要。「サッカーしてみたい」という気持ちだけが持ち物。貧富の差に関係なく、子どもたちの成長を地域社会で見守ることを目的として立ち上げたのです。

おかげで初年度は1500名がコロナ禍でも参加してくれましたし、2022年は4000名近くに。さまざまなメディアに取り上げてもらったり、感謝状をもらったりといろんなところで評価していただけることはとても光栄なことです。

でもこれは、誰かに評価してもらうためにやっているわけではない、と私は常々チームに伝えています。

私たちは、暑い日も寒い日もコーチはグラウンドで子どもたちを迎え、一緒にサッカーを楽しんでいます。

でも「自分たちのやっていることが、地域の子育て世帯や子どもたちの役に立つ」という軸で常に物事を判断し続けないと、やがて評価の方に目を奪われてしまいます。「評価されたいから行う」ようになると、行動を評価されなくなった途端に、チームのメンバーの中で「報われない」気がムクムクと頭をもたげてしまうでしょう。

これは、以前の私の苦い体験から、語っているのです。

かつての私は、人に認められたいという思いから、仕事の依頼が来ると何でも受けてはキャパオーバーになってしまっていました。「ん？　これは何のためにやるのだ？」と感じながらも、それ以上に認められたい気持ちが上回っていたのです。

最終的には「なんでこんなことばかりやってんだ。自分が進むべき方向とは違うんじゃないか」と身も心も消耗してしまいました。

どこかで違和感を感じているから、気乗りもせず、引き受けた仕事も「こなそう」という気持ちが強くなる。これって仕事を依頼してくれた相手にも失礼だな、と思ったんです。

安易に人に認められようとして自分の外に判断基準を置くのではなくて、自分はどうやって生きたいのかを軸に判断する。そして常に自分のベストを尽くすことに注力する。それが結果的に、人に認められることにつながります。

もちろん、周りの意見に耳を傾けるなということではありません。

仕事であればその仕事の依頼人や受け取り手がいて、価値を感じてもらうことでその仕事が成立するわけですから、相手が価値を感じてくれているかを知ることは大事です。

順番の問題だと思うのです。

がんばることに疲れてきたのであれば、もしかしたら「評価されよう」という気持ちが強くなり過ぎて、誰かの目が気になっているのかもしれません。それによって本来の自分がわからなくなっているのかもしれません。

そのときは、一度立ち止まって、本来、自分はどうありたいのかを考えてみるといいでしょう。

そして今のがんばりはそこに向かっているのか、確認するといいと思います。

評価は後からついてくるものですから。

15

努力が報われる人は小さな池で釣り糸を垂れ、報われない人は大海に小舟で乗り出す。

ニッチ戦略という言葉を聞いたことがあるでしょうか。

小さくともまだ競合がいないところでナンバーワンを目指す。

ある分野で一番乗りができると、ブランド力が強く、競争のない小さな分野で圧倒的な結果を出せるというものです。

「日本で一番高い山は?」と聞かれれば、誰もが富士山を思い浮かべます。

では、「日本で2番目に高い山は?」と聞かれたら、どうでしょうか?

山好きでもないと、ほとんどの人は思い浮かべられないことでしょう。

答えは山梨県にある「北岳」で、その高さは3193メートルです。

1位と2位の認知の差はとても大きいのです。ひょっとすると僅差で2位になったかもしれないとしても、人の記憶の中では大差がつくものです。
そこで、努力が報われる人は、**競争せずに一番になれないか**と常に考えます。
報われない人は、競争の多い分野に足を踏み入れて、そこでいかに勝つか、生き残るかを考えて疲れてしまうのです。

私は、ケンブリッジ大学大学院への入学と同時に、英語教育の事業もスタートしました。

海外の大学や大学院に進学するには、TOEFLやIELTSという英語試験を受けなければなりません。当時、イギリスではケンブリッジ大学生まれのIELTSが主に採用されていました。しかし日本には年間3000人の受験者しかいませんでしたし、私もIELTSという試験を初めて耳にして「何だそれは」と思ったことを覚えています。

とはいえ、とてもいい試験だったので、「この試験はいずれ日本での存在も大きくなる」と踏み、オンラインで試験対策サービスを提供したのです。

日本全国で3000人しか受験者がいないので、場所に縛られないオンラインで充分ですし、ケンブリッジにいながらでも、オンラインならば日本向けのサービスを提供できます。

それが今では、10倍以上の規模になりました。

ＩＥＬＴＳは世界で年間４００万人が受験する試験となり、世界最大規模の英語能力試験に成長しました。

日本で３０００人しか受験者がいない時代にＩＥＬＴＳの試験対策を提供しているスクールはほぼ皆無でしたから、私も日本におけるＩＥＬＴＳ教育の先駆者として紹介をされたり、公認問題集の監修をさせてもらったりと、ニッチな分野でのオンリーワンを実現することができました。

英語教育という広いフィールドで一番になる、あるいは目立つことは大変です。

ＴＯＥＩＣなんてずいぶん前からレッドオーシャンで、いろんな先生がしのぎを削っています。そこにもし無理に踏み込んでも、競争に消耗してしまうだけでした。

絶対に勝てるフィールドを探す。

探しても見つからなければ、自分でフィールドを作ってしまう。

そんな努力ならば、不毛ではありません。

どんな分野でも、トップになれば目立ちます。

私も、常に新しい情報を探しているメディアの目にとまり、取材される機会も増え、多くの人に知っていただくことができるようになりました。

特定分野でトップを走る人や企業というのは、自らが主戦場とするマーケットを非常に小さいものに限定し、その分野での活動を徹底しているのです。

PayPal創業者のピーター・ティールは「競争するな、独占しろ」と言いました。

独占こそが、過酷な競争に巻き込まれないための重要な手段なのです。

競争力をつけることはこれまで大切だとされてきました。

しかし、**競争せずに勝てる方法がないかを考える努力の方が、今は大切**なのではないでしょうか。

16 努力が報われる人は量を質に変え、報われない人は効率重視で汗を厭う。

乗り方を説明されても、自転車に乗れるようにはなりません。YouTubeや本でボールの蹴り方を学んでも、いきなりそのようにボールが蹴れるわけではありません。英語も本を読めばペラペラになるわけではありません。

すべて、練習をくり返す中で上達します。

頭でわかっていることとできることとの間には、大きな川が流れているのです。

頭で理解したことをできることに変えていかなければなりません。

自転車やスポーツ、英語のように情報を収集した後に、それらを試しては失敗をしながら徐々に感覚をつかんで、ひとりでできるようになっていくものが多くあります。

老子の格言で、「授人以魚 不如授人以漁」という言葉があります。

「人に魚を与えれば1日で食べてしまうが、釣り方を教えれば一生食べていける」というもの。

ネットで調べれば、なんでも答えを知ることができてしまうこの時代。老師の格言で言うところの魚が答えですね。ネットは答えを教えてくれますが、その答えにどう辿り着くのかは教えてくれない。魚は与えてくれるけれど、釣りの仕方は教えてくれません。

グルメサイトでハズレのないお店を探すことはできるし、ネットショッピングでもランキングやレビューなどでみんなが評価しているものを選ぶことができます。書店に行けば、並んでいる本を手に取って自分に合いそうかそうでないかを判断して本を買いますよね。でもネット書店であればランキングとかレビューとかを見て判断します。

みんながいいと言っているものが本当に自分に合うのでしょうか。届いた本を読んで「なんでこれがいいと言われているのかわからない」と思うものだってあるはずです。また、行きつけの店のレビューを見ると意外と点数が低いように感じることもありますよね。そしてなんでここがこんなに点数高いのかと思うところもあるでしょう。

でも、何かあればネットで調べて、その評価に振り回される人が少なくありません。失敗しないように、そして効率を求めるあまり、誰かが作った「解答」に依存して、自分で判断するというプロセスをすっ飛ばしているのです。

でも、努力が報われる人はプロセスを大切にします。どう考えて、どうアクションを起こしたから、この結果を得ることになったのか。どこがうまくいっていて、どこがうまくいかなかったのかを考えます。だから、うまくいったことに再現性があります。

誰かの作った答案に判断を任せず、自分の五感を使って判断することを大切にします。魚をもらうことは簡単ですね。受け取るだけだから。釣りの仕方を教えてもらっても、釣れる日もあれば釣れない日もあるでしょう。だからといって安易に答えばかりを求めていたら、考える力はつかないし、誰かに依存することでしか生きてはいけなくなってしまいます。

目的と手段を明確にして、実行→検証→修正のくり返しです。

ただ、量を質に変えるにもコツがあります。

「下手な鉄砲も数撃ちゃ当たる」ではなく、**たくさんくり返しながらも、その都度何がダメだったのかを自分なりに考えて、よりうまくいくように工夫する**ことが大事です。

だから、百発百中を狙うことを考えて、誰かが作った解答を求めない。

自分でやってみる。

量をこなさないと上達しないものがたくさんあるので、量をこなしていく。

自分なりに毎回考えて、工夫を重ねていく。

このプロセスですね。

安易に手に入る答えによって効率化を図れるように感じるものですが、本当にその答えは正しいのでしょうか。そしてそれに頼り過ぎて失っているものはないでしょうか。

みんながいいと言うから、そう感じてしまっているのかもしれません。

自分で感じる力、判断する力、そして考える力。

それらを信じて、自力で選択しながら、見抜く力を磨いていきましょう。

第3章

評価される仕事のコツ編

17 努力が報われる人はまず聞き、報われない人はまず話す。

上司や取引先などは、あなたに何を期待して仕事を依頼したのか。

それを理解する努力は、いい仕事をする上で欠かせません。そうでないと思い込みで仕事を進めてしまう可能性が高くなり、相手の期待にこたえることが難しくなるからです。

ドラッカーは『創造する経営者』（ダイヤモンド社）で「顧客と市場を知っているのはただひとり、顧客本人である」と言っています。相手が何を求めているのかは相手しか知らないということではないでしょうか。

相手の要望や意向を的確に理解して段取りを組む。

そうしないと、段取りの方向性がズレてしまっては相手のニーズを満たせません。

だから、仕事での努力が報われる人は、聞き上手なのです。

相手の話をしっかりと聞き、的確な質問をしながら、相手が抱えている課題を見付けていきます。課題が明確になるからソリューションを提供できるようになります。

一方で、努力が報われない人は、打ち合わせなどでも自分が話すことばかりに意識がいってしまって、相手が何を求めているのかを聞き出すチャンスを失いがちです。それで自分なりに解釈して、がむしゃらに努力しても成果にはつながりません。

実は私自身も、かつては聞くことの大切さを理解していませんでした。話し方や伝え方の本は、たくさん買っていました。もちろん話し方や伝え方も仕事においてはとても大切なスキルなのですが、だからと言って自分の話ばかりをすればうまくいくかとそうではありませんよね。

あまり上達の実感が湧かず話し方教室に通ったのですが、そこで出合ったのが「聞き方」でした。会話が上手な人は聞き方がうまいというのです。目から鱗でしたね。

相手の話をしっかりと聞いて相手が何を求めているかを理解する。

そして、相手が抱いている問題に対して解決案を伝える。この順番が大事です。

あなたが何かを伝えようとしている途中で
「あぁ、知ってますよ。以前私もね……」
「これってアレのことですよね」
と口を挟まれたり、話を途中で奪って自分のものにされたりすると、（もういいか……）と伝えるのを途中であきらめてしまいませんか。

もうこの時点でその人は自分の勝手な解釈で、あなたのことを理解した〝つもり〟になってしまっているんです。本当にあなたが伝えたいことを理解できていないのに。またあなたを不快な気分にしていることに気付きもせずに。

一方、聞き上手になると、相手は徐々に心を開き、一歩踏み込んだ話もしてくれるようになります。いくらビジネスの場とはいえ、みんなそれ以前にひとりの人間ですから、「この人はちゃんと話を聞いてくれる」と感じたいものです。

相手がどういう意図や気持ちを持って話しているのかを理解し、共感する。

相手の話をさえぎらず、話し終わってから、
「なぜ○○されているのですか」

「一番改善したいポイントはどこでしょうか」
などと、適切な質問を投げかける。そうすると相手からも信頼されやすくなります。

話を聞くことがうまくなると、初めて会う人とでも仕事を超えた話ができるようになったりと、いい関係をつくれるようになります。

いい関係づくりができると、ちょっとした疑問も質問しやすくなる。

相手もあなたに遠慮せずに要望を伝えやすくもなります。

相手の話を聞くから、これからするべきことやその仕事の方向性が明確になり、いい関係を築けるから細部もきちんと詰めていけます。

相手のニーズからズレたところでがんばっていませんか。

「そうじゃなくてこうしてほしいんだけど」と相手が伝えてくれるならば方向性を修正できますが、（それズレてるんだよなぁ……）と思いながらも（面倒だし言わなくてもいいか……）と相手があきらめてしまっていたとしたら……

しっかりと相手の話を聞き、相手の要望やニーズを聞き出せる関係を築きましょう。

18 努力が

報われる人は努力しない努力をし、
報われない人はいかに努力するかを考える。

仕事においては、なるべく少ない費用や時間・労力で、できる限り大きな成果を上げることを求められます。

ですから、努力を最低限にできないかという問いが、段取りの根底に必要です。

でも、仕事がうまくいかない人に多いのが、

「努力すればなんとかなる」

「うまくいかなかったのは、努力が足りなかったからだ」

という思い込みです。

いつも忙しい忙しいと言っているのに評価が低い人は、仕事の効率が悪くて成果が出ない場合も多いのです。その原因は段取りが悪い、ということです。

「なんでこんなにもがんばっているのに成果につながらないんだ」

と、評価されないことから、仕事に対するモチベーションが下がってしまいます。

２０２０年の日本の時間当たり労働生産性は、４９・５ドル（５０８６円／購買力平価〈ＰＰＰ〉換算）。順位はＯＥＣＤ加盟38か国中、23位でした。

統計的に見ても、がんばり屋さんの日本人は、がんばっている割には成果を生み出せていません。ですから生産性を高めることで、間違いなく仕事外の人生を楽しむ時間を増やすことができるようになります。

「努力は報われる」という言葉は確かに美しいですが、**「努力しなくても成果を上げられないか」と考えるところから、生産性の底上げは始まります。**

「よし気合いで乗り切るぞ」と短絡的に考えるのは、思考停止状態。

努力は大切です。でもムダな努力を省く努力も必要なのです。

「がんばらない努力をする」ことを考えてみましょう。

まず前提として、成果を出すためには、努力の方向性を正しくすることです。

最短距離でゴールまで向かうために、その方向性は正しいのかを問い続けなければいけません。

がんばり屋さんの中には、書類作りをお願いすると、あれもこれも詰め込んで必要以上に長いものを作成する人がいます。

確かに努力のあとは見えます。でも、それが仕事として最適なものでしょうか。

書類をつくることは仕事のゴールではありません。その書類は何かの目的のためにつくる、達成するためのツールですよね。そのツールは大きなゴールを達成するために最適化されているのでしょうか。

以前、とある企業で研修をしたときのことです。「教えたことを真面目にメモを取ってくれてはいるんです。でも、アレどうだった？　と尋ねると、どこにメモしたかもわからないし、必要な情報をメモから取り出せないことが多いように思います」という相談を受けました。その方の部下であるAさんのノートを見せてもらったのですが、文字がびっしり。何から何までメモしてあって、ノートが真っ黒だったのです。

メモをする目的は何でしょうか。記憶は曖昧だからノートに記録しておいて、必要な情報を必要なときに引っ張り出すことではないでしょうか。私はびっしり文字で埋めるのではなく、余白をたくさん残して後で整理しやすいようにすることが大切だと伝えました。

すごいことをしようと思う必要はないのです。

気持ちが前のめりになり過ぎると、変に力が入ってしまって、結果うまくいかないことがよくあります。仕事やスポーツ、恋愛などでも一緒ですね。

「本当にこの努力は必要な努力なのか？」

「本当にこれは必要なことなのか？」

これらは常に問い続ける必要があります。

ついつい目の前の仕事に熱中すると「せっかくだからアレもやっておこうか」と必要性の低いものにまで手を伸ばしてしまうことがあるからです。

段取りの段階では予定していなかったことまで手をつけてしまって、仕事の趣旨がズレるというのも非生産的ですね。

スムーズに仕事を進め、しっかりとした成果を出すために、「努力を省くための努力」を常に念頭に置いておきましょう。

19 努力が報われる人は小刻みホウレンソウ、報われない人は一発合格を狙う。

上司からの指示や、取引先からの依頼……

さまざまな人からの依頼に応じて多くの仕事は進んでいきます。

そこには相手の期待値があります。その解釈について見誤ると、せっかくがんばったものが水の泡となってしまう可能性があります。


評価するのはその仕事の依頼主です。あなたではありませんよね。

依頼主の期待から大きく外れるものであれば、評価は高まりません。

上司から振られた仕事をうまくこなせなかった人の評価は上がるわけがありませんし、プロジェクトチームでの仕事がうまく進まなかったら、もう二度とチームに呼ばれず仕事を依頼されないこともあります。

美味しそうな写真に誘われて入店したものの、期待外れだったお店には「いやぁ次はないな」と再訪しないのと同じです。

「思ったものとは違うけどがんばって作ってくれたから、もうこれでいいよ」「不味いけどがんばってるからまた来るよ」とはなりませんよね。

一発で決まるコンペと違って、日常の仕事の場合はふつう、**依頼されたことに対して、ちょっと取り組んでみて上司や取引先に方向性を確認する**ことができます。

「こんな感じで進めていますが、これで良さそうですか」

「このペースで進めても問題ないですか」

と早い段階で確認するだけで軌道修正もすぐにできます。

格式高いレストランでワインをボトルで注文すると、ソムリエからホストテイスティングを求められますよね。少しだけグラスにワインを注いで、注文したワインに間違いがないか、そのワインに異常がないかをチェック。問題があれば別のものと取り替えます。

私が本を執筆するときにも、いくつかサンプルの原稿を最初に編集者さんに渡します。

内容のイメージが合っているか、文体は想定した読者に届くものになっているかなどを確認してもらってから書き進めていきます。

その後も「まず70点、80点くらいだと思う原稿をお渡ししますので、忌憚のないご意見をください」と話をして執筆にかかります。なぜならば、自分が思う100点と、出版社や編集者さんが思う100点は違うからです。

ろくに確認をせずに200ページを書き上げ、編集者さんのイメージと全く違うものが出来上がっていたとしたら、ほとんどを書き直さないといけないかもしれません。

めちゃくちゃ辛くないですか？　一からやり直すのって。心が折れます。

仕事を依頼されるときに、鮮明に理解できる指示をもらえたら、それに越したことはありません。でも実際、アバウトな指示は少なくありませんよね。それにある程度はその時点で確認しておいても、いざ着手するといろいろと不安な点が出てくるものです。

正解は相手の中にしかないからこそ、こまめにすり合わせをする必要があります。

自分にとっての正解イコール相手にとっての正解だと思い込んで仕事をすると、「せっかく10時間かけてがんばったのに報われない」と切ない結果に終わってしまうのです。

努力が報われる人は、早い段階で相手に「こんな感じで進めていいですか」と確認をする。そして途中でもズレていないかを確認することで、ムダな努力を排除するのです。

とはいえ、多忙な上司に時間を割いてもらうわけですから、相手の都合を確認することは基本です。

また、あなたに指示を出した上司は、全体の進捗を見渡し、段取りを考えながら仕事を進めていることでしょう。

こまめに報告を入れておくと、あなたの仕事の進捗が把握できて、次の指示の内容やタイミングを具体的に考えることができます。手のかからない部下ですよね。

そういう意味でもこまめな連絡や報告は大切です。

早め、こまめにコミュニケーションをとってムダな努力を排除していきましょう。それが結果的にあなたへの信頼にもつながるはずです。

20 努力が報われる人はメールが短く、報われない人は読み手を疲弊させる。

こちらのミスを報告しなければならない。

相手が嫌がるだろうお願いを、なるべくマイルドに伝えたい。

いろいろ思い悩んで、仕事のメールを1本書くのに30分もかけて超・長文の大作ができた……　そんなことをしてしまってはいませんか？

努力が報われる人は、ダラダラと長文のメールは書きません。

一方で、報われない人はメールが長く、やたらと丁寧で体裁ばかりを気にする傾向があります。当然それでは、メール1件返すのに時間をかけ過ぎですね。

がんばって丁寧に書いているつもりでも、ダラダラ長いメールは「内容が多過ぎて返信するのに困る」「で、結局、何が言いたいの?」「長過ぎて読みたくない」と相手に感じさせてしまいます。そして確実に仕事の評価を落とし、結果を遠ざけてしまうのです。

あなたも含め、みんな忙しいのです。ムダに長い文章は読みたくない。

あなた自身も長いメールを受け取って、どう返信するかを悩んで、返信までかなりの時間を要したことはないでしょうか。

多くの場合、メールを送るということは相手に何かしらのリアクションを期待しているものです。添付資料を確認してほしい、日程についての候補を挙げてほしい、参加の可否を知らせてほしい、などです。

努力が報われる人は「メールが短い」です。返信するための要点がまとまっていて、こちらが何を判断して返信すればいいかが明確です。

こうしたメールにするには、**とにかく「結論」から書く**こと。「要点」だけを端的に伝えます。要点とは相手に起こしてほしい行動です。**あなたのメールを読んで相手にどういう行動をしてほしいのかをひとつに絞る**のです。

がんばって丁寧に説明してあれこれ伝えたとしても、相手に伝わるのはほんの一部。5つ伝えて2つ伝われればいいのであれば、ひとつのメールに詰め込んでもいいとは思いますが、すべてを相手にやってほしいのであれば、一気に伝えても抜けが発生します。

〝○○の件でご相談したいことがあります。お時間をいただけないでしょうか。〟

まず、このように要件を書いて、それから具体的な内容を説明すると相手の読む負担を減らせます。その上、相手は何をすればいいのかがわかるので返信もしやすいですね。

相手に何らかのアクションを求めるのがメールを送る目的。

ならば、テンポよく人に動いてもらうためには、相手を悩ませてはいけないし、面倒だと感じさせてはいけないのです。

そして〝いつもお世話になっております。〟など、あなたのメールの前置きは、形式的なものになってはいませんか？　そのためにメールが長文になっていないでしょうか？

かくいう私も、かつては丁寧に伝えないと失礼に当たるのではないかと、なるべく丁寧に長く書いていたのです。しかし、結果を出している人たちの返信は「承知しました」「ありがとうございます」「すぐに確認します」などと短いものばかり。

最初は、冷たい人なのかなと感じましたが、自分がいざ毎日たくさんの連絡を受ける側になると、ひとつひとつに丁寧に返答していては時間が足りなくなることを理解しました。

大切なのは瞬時にメールの要点を理解させられて、対応を促せること。

それがきっちりと果たされることが、メールの役目です。

一生懸命書いた、長くて必要以上に丁寧なメールは、残念ながら忙しい相手には伝わりません。

「そこまで読んでいなかった」

「○○だけすればいいと思っていた」

と半端な対応をされてしまうのは、何も相手が悪いのではありません。

伝えたいことを伝えるために、コミュニケーションの目的を考える習慣をつけましょう。努力が報われる人は、そもそも文章は相手に伝わらないということを理解しているから、確実に相手に伝わるよう、端的に伝える工夫をするのです。

21 努力が報われる人は締め切りで濃度を高め、報われない人はパーキンソンの罠にハマる。

パーキンソンの法則というものをご存じですか?
イギリスの歴史学者・政治学者であるシリル・ノースコート・パーキンソンが提唱した法則で
「仕事の量は、完成のために与えられた時間をすべて満たすまで膨張する」
というのもそのひとつです。

「今日中にお願いね」と言われた仕事を、退社時間ギリギリまで「もっとこうした方がいいのかな」「こんなデザインの方がスッキリするかな」と、資料や画面と延々と睨めっこ。帰り際に「期限が来たから仕方ない」と、あきらめをつけて提出する、なんていうことが往々にしてあるのではないでしょうか。

だから「努力が報われる人」は、58ページでもお伝えしたように、重要度と緊急度でやることを整理しますが、その上で、重要だけれども緊急ではないものに期限を設定して緊急度を高める工夫をします。

子どもの頃の夏休みの宿題。8月半ばまでは重要でも緊急でもなかったものが、夏休みの終わりという期限が近づいてきたら、一気に緊急事項に変わります。期限が迫ってきたら、緊急度は高まるのです。

それであれば、日常の仕事でも、緊急度を高める工夫をすれば、ひとつのことに「あぁでもないこうでもない」とたくさんの時間を費やすことがなくなりますよね。

ここには、心理学で「**締め切り効果**」と呼ばれるものが働いています。

「この仕事は今日の15時までに終わらせて、田中さんに確認を依頼する」と**区切りをつけ、時間の制限を設けた方が集中力は上がる**のです。

会議や打ち合わせもそうですよね。

単刀直入に議題に入って、必要なアジェンダについての報告や議論が終われば、本来は会議を終了してもいいもの。なのに、30分で終わるような議題でも、なんやかんやと1時間ギリギリまで使ってしまった経験があるのではないでしょうか。

前半に時間をかけ過ぎて、気付けば最後は駆け足になってしまったことも。まだ時間的に余裕のある前半は、核心からズレた話も増えがちなのです。

ダラダラと長引く会議は、貴重な時間のムダ。絶対に避けなければなりません。

複数の議題がある場合は、議題ごとの予定時間を設定しておくことも大切です。

ひとつひとつの議題に締め切りを設けることで、余計な話が入る隙間を排除してしまうのです。

ひとまず議題ごとに細かく時間を設定しておき、状況に応じて調整すればいいですね。

時間をかければ良いものができるというものではありません。

仕事ではいかに時間をかけずにいいものをアウトプットするか？が重要になります。

「10時間以上煮込んだ当店自慢のシチューです」と言われても、口に合わないものは合いません。思いは伝わってきますが、もしかすると30分で作ったシチューの方が美味しいと感じるかもしれませんよね。

同じように「何時間もかけてがんばった仕事なのに評価されない」というのは努力が報われない人の発想なのです。

費やした時間よりも、どんな価値を生み出したのかが大事だということを理解していない言葉です。


正解がわからない中で進めていくことが多いのが仕事。

だからこそ努力が報われる人は、**相手の期待に沿ったものを提供できたか、相手の期待を上回ることができたかをこまめに確認しつつ、なるべく必要以上に時間をかけないように工夫する**のです。


そのために、何事もまずは締め切りを設定すること。

長期間にわたって取り組むものでも、今週中に「ここまでやります」と直近のスケジュールにそれを組み込んでいくよう工夫すると、ひとつのことに必要以上の時間をかけずに済むのです。

22 努力が報われる人はマネを厭わず、報われない人は自分らしさを追い求める。

私は大学やその他の教育機関で英語を教えています。

英語で表現するのに、よく「これがお手本です。ぜひ徹底してパクってくださいね。特にこういうところはそのまま使えばそれでいいです」と伝えています。

でも、面白いことにパクってはいけないと思っている人がめちゃくちゃ多いのです。

それ以上に問題なのは、お手本をしっかり見てマネして取り組んでくださいと伝えてあるのに、我流を入れてしまう人が多いことです。

自分らしさをいきなり出そうとしてしまう。でも結局めちゃくちゃなことをやってしまうから、何も習得できていません。

お手本通りにやることに、真っすぐ取り組めない人が、なんでこんなにも多いのだろうと感じます。

落合博満さんは『采配』（ダイヤモンド社）においてこう語っています。

「自分がいいと思う物を模倣し、反復練習で自分の形にしていくのが技術と言う物ではないか。模倣とはまさに、一流選手になる第一歩なのだ。大切なのは誰が最初に行ったかではなく、誰がその方法で成功を収めたかだ」

技術や知識を身につけようと思ったら、お手本を見付けてマネをすることが重要。

心理学の本では「モデリング」というふうに説明されていますが、お手本をマネることが成長の近道です。

お手本を見付けたら、考え方や行動をしっかりと観察をします。考え方は外から見ただけではつかめないこともあるので、お手本となる人に質問してみてもいいですね。

そして、自分の中に取り入れたいものを徹底的にマネする。

まずはマネをすることに全力を注ぐのです。

「**守破離**」という言葉を聞いたことがあるでしょう。千利休が茶道を通して体得したと言われている、人がある道を究めるステップのことです。

「守」とは習ったことを徹底してマネる段階。モデリングするということです。

「破」とは「守」において型を習得していったものに、自分ならこうするという思いを加えて型にアレンジを加えていくこと。

「離」とは、オリジナルを確立していく段階のことです。

努力が報われない人は誰かのマネをしてはいけないと考えてしまう傾向があります。いきなりオリジナリティを出そうと、ゼロから考えようとし過ぎるあまり、どうしていいかわからなくなってしまう。素直にマネをして、もう無意識的にもそれができるレベルまでまずは持っていけばいいのに。

ジブリ作品で有名な宮崎駿監督といえば、非常にクリエイティビティあふれた印象を社会に与えています。

でも彼でさえ、若いころは映画監督の故・高畑勲さんの下につき、考え方や立ち居振る舞い、話し方、そして、字の書き方までを徹底的にマネをしていた時代があったそうです。その経験を通して表現者としての基礎を築いていったと言います。

アカデミー名誉賞を受賞し、クリエイティビティで世界をあっと言わせている人ですら、まずは守破離の「守」を徹底するところから始めているのです。


何かを始めるときは、ゼロから考えない。

まずはいいお手本を探すことに努力する。

うまくいっている人には、その理由が必ずあるはずなのです。

いきなりオリジナリティを出そうとがんばらなくていいんです。


オリジナリティは手段でしかありません。

仕事で問われているのは、手段が何かではなく、目的の達成です。

いったん自分らしさは横に置いて、お手本を徹底的にマネすることに取り組んでみませんか。

23 努力が報われる人はスマホをしまわず、報われない人は知ったかぶりをする。

誰かとミーティングや会議をしているとき、あなたのスマホはどこにありますか?

仕事で話をしながらスマホを触るなんて失礼だと思っていないでしょうか。

最近、さまざまな方と仕事をしていて気付いたことがあります。

それは、成果を出している人は打ち合わせなどのときにスマホをカバンやポケットにしまうのではなく、テーブルの上に置いているということです。

しかもただ置いているだけではなく、打ち合わせしながら、スマホを堂々と触ります。

もちろんその打ち合わせ中に別の用をしているわけではありません。会話の中で出てきた言葉で知らないものがあったらその場で調べてみる、といったふうにスマホを活用することで、打ち合わせの質を高める努力をしているのです。

名刺交換時にその企業に興味を持ったら、本人の口からどんな会社かを聞いた上で、その場で会社のホームページにアクセスしてみる。本人から聞く情報がすべてではないし、気になるポイントは別のところにあるかもしれません。

サイトで見付けたリリースから「○社とも取引があるんですね。どういう事業でご一緒されているんですか」というような話に広がっていくかもしれません。

先日もこんなことがありました。

アメリカの大手コミック出版社に勤めている友人が来日して、日本のコンテンツをアメリカでも流行らせたいと私に相談が来たので、A社の社長を紹介しました。

友人は、商材を見せながら「うちの会社の看板商品はこれです」と言いました。

すると、A社長は「おぉ、それはすごいね」と言いながら、スマホでその会社のサイトやSNSをチェック。そして「こんな作品も作ってるんだね。これは今どんなふうにプロモーションしているの？」と質問。そこから話は大きく広がっていきました。

「へぇそうなんだ」と飲み込んでいたり、後で調べてみようと思っていたら、こんな展開にはなっていないでしょう。

興味を持ったら、一歩踏み込んでその場で調べてみる。

そうすることで、「御社ではこのような取り組みもされているようですが、これはB社の取り組みとはどう違うのですか」などと、その場で質の高い質問を投げかけることができるかもしれません。


限られた時間の中で、会議や打ち合わせの質を高めたい。

そのために、わからないことや興味を持ったことをその場で調べて議論を深める。

それで話が進めば、スマホを触ったことに嫌気が差す人はいないはずです。

もちろん後で気になったことを調べたり、それについて後日メールで質問したりすることもできますが、タイムリーな方が断然スピード感が出ます。


報われない人は「スマホを触るだなんて相手に失礼だろう」というマナー意識のために、調べる作業を後回しにします。

でも忙しい相手ならば、次にいつミーティングの機会をもらえるかわかりません。その場の質を高める方が大事になります。ビジネスも人生もタイミングが命。また次でいいかと思ってチャンスを逃すことはたくさんあります。

事前に準備していた資料だけでは対応できないことだってあるでしょう。

そのときに、自社のＳＮＳや動画を相手に見せて説得力を補強できると心強いです。「うちの会社は最近こういうのに取り組んでるんですけど、もっと良くするにはどうしたらいいでしょうかね？」と動画を見せながら話す方が相手もイメージしやすいですね。

オンラインミーティングに慣れて、パソコンに向かって話しながら調べ、情報を共有し、書類を送る……といった同時進行の打ち合わせに、違和感がなくなってきました。対面に戻った今でも、そのライブ感を保って打ち合わせすると、意見のすり合わせがその場でできて、成果が上げやすくなるでしょう。

1回の機会の質を高める努力をしてみましょう。

疑問に思ったら即質問、即調査。

そして気になることをどんどん深掘りしていくのです。

第4章

合格！達成！勝利！編

24

努力が報われる人は因数分解をし、報われない人は気合いをかける。

努力が成果につながる人の共通点は「因数分解」がうまいということです。

36という数字は「4×3×3」「9×2×2」などと分解できますよね。

因数分解とは、構成要素を明らかにすること。

この考え方が問題解決につながります。

目の前の課題をクリアし成果を出すために「何」が必要かを分解する力です。

売上を増やそうとなったときに、売上とは何によって構成されているのかを分解しなければなりませんよね。

「がんばって売上を増やそう」という気持ちだけでは、うまくいきません。それでモチベーションを高めて仕事に臨んでも、必ず成果にはつながるとは言い切れません。

よくある例を挙げてみると、
【売上＝客数×単価×リピート数】
売上に影響を与える要素を3つに分解したものです。

こうやって因数分解するから
「客数は増えているのか減っているのか」

「どうしたら客単価を上げることができるのだろうか」

「リピートしてくださっている方は全体の何％だろう」

というふうに具体的に考えることができるようになります。


「売上を2倍に！」ではなく、「客数1・3倍と単価1・3倍とリピート回数1・3倍を実現して売上を2倍に！」

の方が、何をどのようにがんばればいいかが明確になりますね。

だから「がんばって成果を出そう！」と意気込んでがんばるだけではダメなのです。

気合いでなんとかなるものではないのですから。

勉強をとってみても、英語のリスニング試験でスコアを上げたいとき、英語を聞く時間を増やせばスコアは上がるのでしょうか。

そんなことはありません。

TOEICやIELTSなどの英語試験のリスニングテストは、まず設問や選択肢は文字で与えられていますから、それらを素早く読んで理解する力が試されます。それらを理解できていなかったら、当たり前ですが正解できません。

また、音声を文字起こししたスクリプトを読んでもすぐに意味を理解できないのならば、音として聞いて理解できる可能性は低いです。読んでも理解できないのは、単語がわからない、文法がわからない、というのが主な原因です。

つまり、リスニングスコアを高めるには以下の3つの要素が必要ということです。

【設問・選択肢を素早く理解するスキル×その試験に出てくる単語と文法理解×英語の音への理解】

これを理解して、今自分は何をすべきかを明確にして努力すればスコアは伸びます。でも実際には英語を聞いてばかりで、「スコアが伸びない」と訴える人が多いですね。

ここでも因数分解が必要です。

正しい努力をしないと成果につながりませんが、正しい努力をするためには、まず「何が必要か」を把握できていなければなりません。

まずここの時点でつまずいてしまっている人が少なくないのです。

「何のために」を明確にしたら「何を」「どのように」「どれくらい」を明確にする。

その「何を」を明確にするのが因数分解ですね。

初めてのことに取り組む場合は、因数分解が難しいかもしれません。

そういうときは経験者に話を聞くことで、やることが明確になることがありますから、どういう式を立てればうまくいくのかを聞き出したいものですね。

何となくやっていてうまくいかないときは因数分解ができていないのかもしれません。

立ち止まって、本当にやるべきことが明確になっているのか考えてみてはどうでしょうか。盲点に気付くことができそうです。

25 努力が報われる人は70点でいいやと考え、報われない人は100点満点を目指す。

あなたは100点満点が好きでしょうか。

私は大好きです。

でも、完璧を目指そうとして、自分を追い込むのはイヤです。

自分に求める基準を高くし過ぎて自分を苦しめることに、意味はありませんから。


たとえば勉強。70点を取るための戦略と、100点取るための戦略は違います。

70点でいいのなら、点数UPを考えつつも、どこを捨てるかを考える余地があります。

でも、100点満点を取るのならば、捨てる余地がありません。稀に出るような問題もしっかりと勉強しておかないと落としてしまうので、抜かりない準備が必要となります。

完璧主義の人は自分に高い目標を課す一方で、間違いを過剰に恐れます。完璧ではない自分を低く評価して、絶えず強いストレスにさらされるのでメンタルを崩しがちです。人間は誰しも完璧にはなれません。

人間は失敗をする生き物であり、またその失敗から学ぶことで成長できます。でも完璧主義であると、失敗を避けようとしたり、失敗を認めなくなったり、勝ちゲームしか挑まなくなったりします。そして結果的に、失敗から学ぶ機会が得られなくなってしまうのです。

アメリカの心理学者スティーブン・ベルグラスとエドワード・ジョーンズによって提唱された「セルフ・ハンディキャッピング」という言葉があります。

「忙しいから落ち着くまでは無理」だとか「最近体調が悪くて」などと、やらない理由を探す。**目標の達成に努力するのでなく、「自我防衛」に懸命になっている**わけですね。

完璧を目指そうとがんばってしまうと、こういった心理が強く働くようになります。

英単語を覚えるとしましょう。

がんばり屋さんはひとつの単語の和訳をすべて完璧に覚えようとしがちです。たとえば、monstrous。形を見ればモンスター(monster)に似ていますよね。辞書を引けば、「異常に大きい、非常に醜い、恐ろしい、途方もない」のような和訳がヒットします。いかにもモンスターっぽいですよね。

単語は単体で使われることはなくて文中で他の単語との組み合わせで使われるので、だいたいのイメージをつかんでおけば、実は和訳を細々とすべて覚える必要はありません。monstrous crime であれば crime は犯罪という意味ですから「モンスターみたいな犯罪」といえば恐ろしい犯罪と解釈できます。monstrous iceberg の iceberg は氷山という意味なので「(モンスターみたいに)巨大な氷山」となります。monstrous lie の lie はウソですから、誰も「かわいいウソ」だとは思いませんよね。「とんでもないウソ」というイメージは持てると思います。

つまり、すべての意味を完全に覚える必要なんてないのに、がんばり屋さんは覚えようとしてしまいます。そしてひとつの単語にこだわり過ぎて学習が進まないのです。

こういう人が行き詰まっているとき、

「言葉は文脈で意味が変わるものだから、70%くらいで『こんなイメージ』というのを持っておけばいいですよ」

と伝えることにしています。

日々のスケジュールだってそうです。

今日はアレをしよう、これをしようとしっかりとした計画を立てたところで、突発的なことが起こって、たいてい思うようにはいきません。

Facebook（メタ）最高執行責任者であったシェリル・サンドバーグは、「なにもかもすべてやろうとしたり、すべてが正しく行われることを期待していたりすると、いつか失望する羽目になります、完璧主義は敵です」と言いましたが、まさにそうですよね。

完璧であることへの期待感が失望を生み出すのならば、最初から100点なんか手放してしまえばいい。

「本当に100点を目指さないといけないのか」と自分の胸に問いかけてみましょう。

誰だって完璧だと気分がいいもの。でも、人命に関わること以外のほとんどの場合は、100点である必要はないはずです。

上手に手放しましょう。

26 努力が報われる人はサラサラ覚え、報われない人はうんうん暗記する。

あなたは暗記が得意ですか？

私は同志社大学や関西学院大学など年間十超の大学で授業をしています。そして頻繁に「私は記憶力が悪くて、全然単語が覚えられません。どうしたらいいでしょうか」という質問をされます。

そんなとき私は、「自分を追い込むから覚えられないんですよ」と答えています。

うんうん暗記しようとしたところで、次その単語に出合ったときには「いつか暗記しようとした気がするけど、これ何だったっけ？」となるものです。

仕事でも、プレゼンや商談のために、いろんな情報や数字を頭に入れなくてはいけない場面があります。ムキになるほど、何度やっても暗記できない自分に腹が立ちませんか。

そうやって追い込んでも、その努力や苦労は成果につながりません。

脳科学の研究から明らかになっていることですが、脳が暗記するのは、それが重要か重要でないかとは関係なく、単純に「接触頻度」が高いものです。

つまり、「これは大事だから、私の脳よ覚えてくれ」と追い込むのではなくて、**接触の頻度を増やす仕組みを作ってしまうことが、暗記のかんどころ**なのです。

くり返し脳に送った情報が自然に定着していくのですから。

こういった経験があなたにもあるのではないでしょうか。

新しい学校や会社で新生活をスタートしたときは、誰の名前も知りません。でも数か月経つと、あらかたのクラスメイトの名前や同僚の名前を脳は記憶しています。

中には仲のいい友達や同僚も、そうでないクラスメイトたちもいます。言い方は悪いですがあなたにとっての「重要度」は人によって異なりますが、名前は自然と覚えているのです。

なぜかと言うと、出席確認などで誰かがその人の名前を呼んでいるシーンに「くり返し」出合っているからです。このとき、くり返し誰かの名前に接する仕組みが出来上がっていることが、暗記している状態につながっているのです。

実は私、イギリスに3年弱留学して帰国後、英検1級を受験しましたが、結果は不合格でした。試験に登場する英単語がわからなかったのです。

悔しくて、3か月で3000単語を覚えると誓いを立て、毎日500単語を音読しました。

市販の英単語帳を買って、「apple, リンゴ」のように英語と和訳を音読するだけです。1日目は1から500、2日目は501から1000、3日目は1001から1500、といった感じです。

500単語ずつ毎日サラサラと音読すると、3000単語収録されている単語集だと6日間で一周できます。7日目はまた、1から500の単語を音読。暗記しようとするのではなくて、ひたすら音読するだけです。

通勤や通学の電車やバスの中。テレビを見ている間のCMの時間。音読するだけだったら、隙間時間でもできてしまうわけです。

結果的に、その単語帳の9割以上の単語を暗記できて、2回目の試験で英検1級に合格しました。しかも、このやり方はこのときが初めてではなく、大学院に留学する前にも3か月で5000語、語彙を増やすことに成功していました。

また私は通訳の仕事を任されることがあります。英語を日本語にしたり、その逆をしたりするだけでなく、通訳の仕事でとても大事なのは、通訳する人を知ることです。マイケル・ジャクソン、レディ・ガガやビヨンセなどの振付やステージプロデュースをしてきたトラヴィス・ペインのイベントでMC兼通訳をさせてもらったことがあります。

そのときに大事だったのが、彼がどんなキャリアを積んできたのかを徹底的にリサーチして、インプットすることでした。いつからマイケル・ジャクソンの振付師をしたのか。どんな作品に登場しているのか。相手の情報をインプットしておけば、会話の流れが予測できますし、通訳するときに補足もできます。

ワードでまとめた情報をプリントアウトして、サラサラと毎日空き時間に音読しました。すぐに覚えられるものや、なかなか覚えられないものもあります。でもただひたすらくり返すだけです。

プレッシャーをかけても暗記はできません。深くは考えずにひたすらくり返すタイミングを作り出しましょう。その方がリラックスして臨めますし、成果もついてくるはずです。

27 努力が報われる人は1か所のために本を読み、報われない人は読み切ることに満足する。

本というのは素晴らしいもので、今の自分の正解を知ることができます。

「僕は読書が大好きだ。もっと多くの人に本を読むようアドバイスしたい。本の中には、まったく新しい世界が広がっているんだよ。旅行に行く余裕がなくても、本を読めば心の中で旅することができる」

と言ったのは故マイケル・ジャクソンです。

私たちの時間は有限で、身の回りで起きていることについて学び、考える機会は多いものですが、世界は広く、到底体ひとつですべてを知り尽くすことはできません。

つまり、私たちが知っている世界は断片的なものでしかなく、知らない世界の方が圧倒的に多いのです。

読書は、そうした知らない世界を知る手段のひとつです。

会ったこともない人が綴った文章を通して、その人が見ている世界を知ることができる。素晴らしいことです。

ただ、読書をする目的により、読み方を変えた方が効果的です。

小説などは、そのストーリーや世界観を楽しむため、じっくりと読書の時間を堪能するのがいいでしょう。

一方でビジネス書や自己啓発書の場合は違います。

「会話が続かず沈黙でいつも焦ってしまう」

「部下が思うように動いてくれない」

「業界について最新の情報をアップデートしたい」

このような問いへの答えを求めているからこそ、書店で目にした一冊が気になる。

星の数ほどある本の中から、あなたがその一冊を選んだことには必ず理由があるはずです。

しかし、毎月何冊も本を読んでいます、という人に、「ではそこから何を学び、どう行動に移しましたか?」と聞くと「いや、まだです」という答えが返ってくることが多いように思います。最後まで読み切ったにもかかわらず。

自分の中にある課題を解消するために買ったのに、読み切ることが目的になってしまう。せっかく買った本だし最初から全部読もうと考えたことで、一冊読み切ったことに満足感を覚えて安心してしまう。それでは本来の目的を果たすことができませんよね。

読み切る努力よりも、本から得たヒントを試して課題を解決する努力をする方が、実りがあるのではないでしょうか。

現状を打破する、課題を解決することを目的とするならば、一冊を読み切ることは頭から捨てましょう。

200ページの中からたったひとつのヒントに出合う、そこで立ち止まって、自分だったらどうすればいいかを考える。そして行動に起こしてみる。そして検証するという読み方が最適です。

がんばって読み切っても、行動につながらないのならば意味がありません。

くり返しになりますが、理解していることとできることの間には大きな川が流れていますから。理解するだけでは何も変わりません。

また、ビジネス書では「そうだよね。やっぱりそうだよね」と感じるような既知のことは、私はどんどん読み飛ばしています。

それよりも「あ、これは自分にはなかった考え方だな」「これはまだやったことがないな」と思うものに出合うことに、本を読む意義を見出しています。

つまり、読書を通して新しい価値観や情報を見付ける。

そしてそれをすぐに行動に活かすためにどういうアクションが必要かを考える。

自分の中にあった固定観念を壊して、新しい考え方を構築する。

たった一文、もしかするとたったの一言の出合いが、あなたの人生を変えてしまうかもしれません。それが読書の醍醐味なのではないでしょうか。

読書を行動に活かし、行動から現実を変えていく方法については拙著『「すぐやる人」の読書術』で、より具体的にご提案していますので、ぜひそちらを参照してください。

28 努力が報われる人は薄い参考書でリズムをつけ、報われない人は分厚い本で挫折する。

できないことが、できるようになると嬉しいですよね。

でも跳び箱を5段しか跳べないのに、10段跳べるようになりたいと思って、いきなり10段にチャレンジするとどうなるでしょう。つまずいてしまうことは目に見えています。

だけど、なぜか、こと勉強に関しては、みんなそんな無茶をやろうとして、挫折してしまっているのです。

私の会社には、海外の大学や大学院に進学したいというご相談が多くあります。留学にはＩＥＬＴＳやＴＯＥＦＬといった世界的な英語試験を受けないといけないのですが、これがかなり難しいのです。

そこでみなさん最初はモチベーションも高いし、「これくらいはやらないと！」と思って分厚い本をいきなり購入して勉強するのですが、多くは挫折に終わってしまいます。難しい試験だと、基礎力がないとしんどいものです。そもそも問題集を解いても間違いだらけで、何をどう改善すればいいのかすらわかりません。一桁の掛け算も習っていない小学1年生が、二桁の掛け算にチャレンジしているようなものです。

ＩＥＬＴＳやＴＯＥＦＬは、まずは英検2級のレベルでスラスラと問題を解けないと、歯が立ちません。これでは心が折れてしまうのも無理がありませんよね。

私はかつて勉強が全くできず、高校1年のときの偏差値は30台でした。

なんとか賢くなりたいと参考書を買ってはみるものの、三日坊主どころか、1日目で挫折することがたくさんありました。参考書は机の棚にしまったままになり、ふとしたときに取り出しては、「やっぱできないんだな、自分は」と劣等感を感じていたものです。

あるとき、大学受験に向けて大の苦手であった日本史を乗り越えるため、小学生向けの「まんがでわかる」シリーズを読んでみました。あまりにも無知過ぎて、高校の教科書を読んでもさっぱりで、頭に入ってこなかったからです。漫画なら、登場人物が生き生きと蘇り、ストーリーを追って学ぶことができました。

「これならできそう！」と思うことから、まずは取り組んでいくことです。誰だって理想の自分に早く近づきたいでしょうが、いきなり無理なジャンプを試みると、怪我をする可能性がグンと高まってしまいます。

教育心理学では**スキャフォールディング**と呼ばれていますが、今の自分が、理想の自分まで辿り着くための足場を作ってあげることが大事なのです。

「難し過ぎるなあ」「わからないことが多過ぎる」と感じているときは、あまりやる気は出ないでしょう。新しいものがあまりに多いと、心に負担がかかり過ぎてしまうのです。

それよりも、「これならできそう！」と感じるもの、つまり「わかること」がたくさんある中で「ちょっと新しい」を感じられるものに取り組むと、挫折知らずで続けることができるのです。

レビューなどから大勢の人に支持されている本が見付けやすい時代になりました。でも、それらはあなたにぴったりのものである保証はありません。

私はネット上ではなく、できれば書店で手に取って、「これならできそう！」と直感できるものを選ぶといいと思っています。この「できそうだと思える」ことが、何よりも大切です。

8割くらいはもう知っている内容で、2割くらいが新しい内容の本が最適です。

私たちは、似たような本を比較すると、ついつい新しい学びがより多く含まれているものを選んで買ってしまいます。それは同じ1000円なら、未知の知識がたくさん書かれているものを「お得」だと感じるからです。

気持ちはよくわかりますが、こと「学習」に関しては、わからないものが多過ぎると、つまずいたときに一気に挫折につながってしまいます。

ましてや、本を買う瞬間が「学ぼう」というモチベーションの最高点。買った後は、日に日にさまざまな理由や言い訳によってモチベーションが減退していくものです。だからこそ、自分の能力の2割増し程度の参考書を選ぶことで、継続しやすくなります。

最初の勢いに頼り過ぎて挫折してしまうと復活は難しいですね。「これならできそうだ！」を積み重ねていく工夫をしてみましょう。

29 努力が報われる人は夜に復習し、報われない人は一晩寝てサッパリ忘れる。

勉強で成果を出している人の特徴は、復習をいつするかを明確にしているところです。前に進めていくことよりも知識を定着させることが大切だと考えて勉強をしています。

一方で、どんどん前に進めてがんばっているものの知識が定着しない人は、復習に対する意識が低いのかもしれません。

124ページでもお伝えしましたが、よほど簡単なことでない限りは、学んだことを一度で知識として定着させたり、スキルに変えたりすることはとても難しいことです。

くり返すことが学習成果を上げるポイントなのですが、「いつ」復習するのか、習慣づけることが大切です。

・20分後には42％を忘却し、58％を保持していた

・1時間後には56％を忘却し、44％を保持していた
・1日後には74％を忘却し、26％を保持していた
・1週間後（7日後）には77％を忘却し、23％を保持していた
・1か月後（30日後）には79％を忘却し、21％を保持していた

これは心理学者のヘルマン・エビングハウスによって導かれた、人間の脳の記憶の保持率に関する研究結果で「**エビングハウスの忘却曲線**」という名前を聞いたことがある人もいるでしょう。

今日学んだことも明日には3／4を忘れてしまうのが人間の脳というもの。それをふまえてどうすればいいのかを考えないといけないのです。

忘れていくのが自然なので、復習を効果的なタイミングで行うことで、忘却への道を滑り落ちずに、しっかりと踏みとどまりたいですね。

そこで私がおすすめしていて、たくさんの人が効果を感じているのは、**朝に勉強したものを夜に復習する**というもの。

朝、家を出る前に30分でも1時間でも勉強して、同じ内容を夜に復習することによっ

て、記憶がまだ新鮮なうちにくり返すことができて忘れにくくなりますし、理解をより深めることができます。

1日仕事や学校などでがんばった後の夜は、脳が疲れた状態ですから、新しいことをやろうとしてもうまく進まないこともよくあります。その日に起こったいろんなことを考え始めてしまって、長く集中を続けられないこともしばしばでしょう。

しかし、朝勉強したことの復習からスタートすれば、比較的スムーズに進められてストレスも少ないのです。長く集中しなくても、復習なので問題はありません。

そして夜、眠りについてからは脳内では情報の整理整頓が行われますから、夜に復習した内容は記憶に定着されやすいという、良い流れを作り出すことができます。

復習までの時間を空けてしまうと、忘れるものが増えていきます。その分、復習のときにかかる負荷も大きくなります。

だから、「いつ」「何」を勉強するかを決めるだけではなく、それを「いつ復習するのか」も計画したいですね。

朝に勉強する習慣づくりについては、早く起き、家を出る時間を早めることをおすすめします。

30分や1時間、いつもより早く家を出る。会社や学校の近くのカフェに行って、コーヒーなどの温かい飲み物を口にしながら勉強する。

「家で1時間勉強してから出よう」と思うよりも、「家を出る時間を早くする」方が習慣化しやすいので、ぜひ試してみてください。

そして「夜に復習する」というふうに決めておけば、朝に100％思っていたように進まなくても、ざっくりと理解できればいいと思うことができます。夜に足りなかった部分を埋めれば良いのですから。

「鉄は熱いうちに打て」ではないですが、「勉強は記憶のあるうちに復習しろ」を徹底すると、あなたのがんばりがカタチになっていくのではないでしょうか。

せっかくがんばるのならば、そのがんばりを効果的に知識やスキルに変えていきましょう。

30 努力が報われる人は動名詞で理由を確認し、報われない人は石の上に三年座る。

スポーツの世界では、がんばっているけどレギュラーになれない人は一定数出てしまいます。

これは社会に出ても同じです。いつもいい成績を出して会社から表彰される人もいれば、がんばっているのに結果が出せなくて「自分にはセンスがないんじゃないか」と悩む人もいます。

誰だってレギュラーでバリバリ活躍できたら嬉しいし、仕事でも思うような結果がいつも出るならば楽しいですよね。でもそんなにスムーズにいかないから悩みます。

「がんばっていたら、いつかは認められてレギュラーになれるさ！」

と言われても、どこか他人事のように聞こえませんか。

「試合に出られなくても、懸命にがんばったり、練習を手伝ったり、応援したりしてチームのためにがんばるような経験は将来、役に立つよ」と言われても、そもそもそんな目的でそのスポーツを始めたわけではないですよね。テレビで観て魅了されたり、近所のお兄ちゃんに誘われてやってみたら楽しかったりして始めたスポーツは、とても楽しいものだったはずです。

ここでひとつ一緒に整理したいのは、努力してもなかなか結果が出ない環境において、それが辛いにもかかわらず、「**なぜあなたはそのチームや部活をやめようと思わないのか**」ということです。

プロのアスリートは、レギュラーとして試合に出場できなくても、契約書を交わしていますし、それでお給料をもらってますから、その置かれた場所でどう咲くかということを必死に考えて取り組むことが求められます。

でも、アマチュアとしてスポーツに励んでいる間、ほとんどの人にとってそれは義務ではないはずです。義務ではないのに続けようと思える裏側には、気付いていないだけで何か理由があるはずです。

その理由がポジティブなものか、ネガティブなものか。どうなのでしょうか。

それを考える切り口が動名詞です。

英語の授業で動詞+ingが動名詞だ、と習ったのを覚えていますか？　動詞にingをくっつけることで「**〜すること**」という意味になります。eatにingをつけてeatingで食べること、readにingをつけてreadingで読むこと、のような感じです。

話を戻しますが、がんばっているのに結果として報われない環境において、あなたががんばり続ける原動力について。サッカーが好きだ、野球が好きだと漠然と考えるだけではなくて、「なぜ好きなのか」「そのスポーツの何をしているところが好きなのか」を考えてみてはどうでしょうか。

たとえば、そのチームの仲間と一緒にいることが好き。試合に出られなくても、応援することが好き。このチームに所属していることが好き。

そこで「何をしていること」が好きなのかを具体的に考えてみましょう。

今の環境が苦痛なのに「やめてはいけない」と思うのならば、それはあまりいい考えとは言えません。我慢する習慣が身についてしまうからです。もちろん何でもすぐに投げ出すのは良くないですが、我慢体質になると、「人生は我慢が大事なんだ」と考えるようになり、将来社会に出たときも「我慢が美徳」という考えに取り憑かれてしまいます。

（おかしいな）と思いながらもそれを口にできず我慢してしまったり、（合わないな）と思いながらも（みんなと仲良くしなければ）と思って無理をしてしまったり。

この先に、報われたあなたは本当にいるのでしょうか。

成果を得るには、正しい努力が大事なのです。

とにかく努力すればなんとかなるというものではないのですね。

我慢していれば、そのうち良いこともあるかもしれないと思うのは、哀しい妄想です。

欧米では、試合に出られないとわかった時点で多くの選手は他のチームに移籍します。

チームにはそうした選手を受け入れる体制も当たり前のようにあります。

うまくいかないときは「なぜ自分はこれをやめたくないのか」を考えてみましょう。

「〜すること」が好き、という動名詞がひとつも思い浮かばないのであれば、本当に続けることが正しい努力なのかを検討してみる余地がありそうですね。

第5章

すり切れない人間関係編

31 努力が報われる人は他人に期待せず、報われない人は怒りに支配される。

「こうやったらこの人は喜んでくれるかな」

「こんなの好きかな」

と相手が喜んでくれるシーンを頭に描いて行動したのに、思うような結果にならなかったとき。

（なんで……）（せっかく……）という思いが込み上げてきます。

相手のことを思ってがんばっているのに、自分は報われないと思ってしまいますよね。

誰かのことを思って何かをすること自体は素敵ですが、相手がそれにどう反応するかを私たちが決めることはできません。

あなたにも同じような経験はあるでしょう。ダイエット中なのに美味しそうなスイーツをプレゼントされたり、苦手なレバーをお店がサービスで提供してくれたり。

相手はあなたのことを思って、あなたが喜んでくれるだろうと思ってそうしてくれているのはわかるけれど、逆に迷惑に感じてしまうことだってあるはずです。


だから、みんな同じなんですよね。


努力が報われる人は、自分の行動が、報われるかどうかは、あまり気にしていません。

自分が、「いい」と思ったことや「したい」と思ったことを、心がおもむくままに実行するだけであって、それが何かのためになっているかどうかは気にしていません。

自分がいいと考えてやることは、それはそれで素敵なこと。ここまでのプロセスはこれで完結していて、素晴らしいことだと思います。

でも相手がどう受け取るかはまた別の話。切り分けて考えないといけません。


お笑い芸人の明石家さんまさんの言葉が記憶に残っています。

「好きだからやってるだけよ、で終わっといた方がええね。これが報われるんだと思うと良くない。こんだけ努力してるのになんでってなると腹が立つやろ。人は見返り求めるとろくなことないからね。見返りなしでできる人が一番素敵な人やね」

「やってみたかったからやった」「好きだからやった」というのが最強ですね。はたからはがんばっているように見えるのでも、本人からしたら〝好きだからやっている〟という状況です。

人間関係で報われないと感じたときは、立ち止まって考えてみてください。

あなたのそのがんばりは本当に、相手のためなのでしょうか。

それとも、相手に何かをすることで自分が満たされようとしていたのでしょうか。

相手を手伝う際に何かしらの見返りを求めてしまう。そうすると、もし相手から感謝もお返しもなかった場合には、自分が協力したことを後悔したり傷ついたり、ときには相手へ怒りの感情すら抱いてしまう可能性もあります。

相手のコップを満たすことが目的なのか、相手を思っての行為を通じて自分のコップを満たそうとしていたのか。

少し立ち止まってみると、冷静に考えることができます。

ただここで「自分のコップを満たそうとしていた自分はダメだ」とは思わないでほしいのです。人間だから、誰かに何かをやってあげたら、つい見返りを求めてしまうもの。それは自然なことだと認識して、その上で、見返りを求めていた自分を認めましょう。

そうすれば（私がこれだけやっているのにあの人は……）という感情の源泉は「見返りを求めることで満たされたかった自分」であることに気付けるでしょう。

相手にイラついたって何も改善されないことに気付くことでしょう。

怒らない人は、優しい人ではなく、他人に期待していない人。

失望の源泉は望みです。望みを持つから失望するのです。

その怒りや失望はどこからやってくるのでしょうか。

客観的に捉えてみようと思うだけでも、他人への期待を手放せるようになるのではないでしょうか。

32 努力が報われる人は相手の気持ちを聞き、報われない人は正論を振りかざす。

「どう考えてもAよりBの方が絶対にいい」

「そんなことを考えるなんて一体どういうこと?」

「どう考えても君は間違えているだろう」

他人を説得しようと一生懸命働きかけをしてみるものの、相手が考えを変えてくれない。相手がうんと言ってくれないということをあなたも経験したことがありますよね。なんでわかってくれないんだ! とストレスを感じてしまいます。


努力が報われる人は「正論で人は動かない」ことを知っています。だから、闇雲に正論を振りかざすようなことをしません。

ムダな努力であることをわかっているのです。

結局のところ、正論で相手を追い詰め、ねじ伏せたとして、相手は嫌々それに従うかもしれませんが納得しているとは到底思えませんよね。

むしろ心理的に追い詰められているわけですから、追い詰めた人に対して反発すら覚えるでしょう。最近ではロジハラ、つまりロジカルハラスメントという言葉も耳にするようになりました。正論を振りかざして相手を心理的に追い詰めるのは、セクハラやパワハラと同じく、ハラスメントのひとつとして問題視されています。

私たちは日々理性を働かせ、論理的に考えて生きているように思いますが、実は感情を優先していることって結構あります。

たとえば、帰宅したら勉強しようと思っていても、昼間に嫌なことがあって、そんな気分になれない。

夕飯をつくらなきゃいけないのはわかっているけど、今日だけはやりたくない。

駅から家までの道のり、節約しようと決めていたのに、今日は仕事をいつも以上にがんばったし雨が降ってきたから今日くらいタクシーに乗ってもいいでしょ、となる。

そういう、論理と感情の間で思いが揺れたとき、感情が上回ることが多いものです。

だから、人に動いてもらおうと思ったら、正しいだけではダメ。
「頭ではわかっているけど心が納得しない」ということはたくさんあるでしょう。
「なんでこんなことしたんだ。誰がどう考えてもこんなことするなんておかしいだろ！」
などと言われると、論理的に考えたら確かにそうかもしれないけど、心がザラザラして、
（この人、私の気持ちなんて全然わかってくれてない。聞こうともしてくれない）
とむしろ反発心を覚えるもの。

私もかつては、「これはこうしないとダメだよ」「それは間違ってますよ。なぜなら……」と相手の間違いやミスを厳しく指摘し、正論でもって相手の行動変容を促そうとしていました。

でも「言われていることが正しいんだろうなとはわかるんですが……」という反応を示す人が少なくなかったのです。

自分自身を振り返り、正論では人の心はつかめないと理解しました。

人を動かすには、正論を振りかざすよりも、相手の話に耳を傾けることが大事。

目に見えている事象について正しいとか間違っているということを考えるのではなく

て、「なぜそうなったのか」「どういう考えでそうしたのか」に目を向ける。

そこを聞き出した上で、どうすれば良くなるのか一緒に考えることが大事なのだと。

こうした努力が、相手と長期的な信頼関係を築くことにつながります。

信頼関係がないと、こちらの話を聞こうとしてくれません。

まずは自分が相手の話を聞く。

そして正論を振りかざすよりも相手の心の声にも耳を向ける。

感情に耳を傾ける。


そもそも、そのコミュニケーションの目的とは一体何でしょうか。

もし相手を打ち負かすことならば、正論を振りかざすことに終始すればいいでしょう。

でも、もしそれが、チームのメンバーの努力をいい方向に向けてチームとしてより良い成果を出したい、相手とこれからより良い関係性を築いていきたい、ということであれば、話は別。

目の前で起こっていることにあぁだこうだ言うのではなく、なぜそうなっているのかに一緒に目を向けて、一緒に解決することに努力の矛先を向けたいものですね。

33 努力が報われる人は欠点で仲間をつくり、報われない人はひとりであくせくする。

努力＝ひとりで歯を食いしばってがんばることと思っている人が、まだまだ少なくありません。

日本の教育ではグループワークよりも個人で机に向かう時間が多いですよね。与えられた課題を、ひとりで解く作業がとても多い。だから教室に並べられた机は常に全員が教壇の方を向いています。

それで、社会に出ても課題や成果をひとりで解決しなければ、という発想になりがちです。

一方でイギリスの学校では毎時間5、6人が向き合い、ひとつの島を作って座ります。グループで課題をこなす時間が多く、グループで成果を上げることが求められます。

当然、雑な言い方をするとグループには「デキる子」と「デキない子」がいるわけですが、ついていけていない子をグループで引っ張り上げる、補い合うという考えが無理なく育っていきます。

みんなの能力や才能が凸凹したものでいい。

その中でどうやって成果を上げるかということが常に意識されているわけです。


共感の時代に大事なのは、人間らしい自分をさらけ出すことです。

私は、マッチャモーレ京都山城というサッカークラブを２０２０年の夏に立ち上げました。現在、選手は30名程度の社会人チームで、２０３０年までのＪリーグ加盟を目指しています。スポーツの力で地域社会に貢献することを掲げていますが、運営にはお金がかかります。私個人でまかなえる額を超えていました。

かつてであったらお金がないならばあきらめるか、コツコツ貯金してから始めるかしか選択肢がありませんでしたが、私はそのときクラウドファンディングを選択しました。

いろんな人に泥臭く、お願いをしました。

人を巻き込むことで１８８名から、目標金額を超える２３３万円を集めることができたのです。

努力が報われる人は、人を上手に巻き込みながら最短で目標を達成しようとします。一方で、報われない人は、自分に何ができるか、という発想しかないので、今手元にあるリソースで、それで不足するなら自助努力で解決しようとしてしまいます。

もったいないことですよね。

何度も言っている通り、努力というのはある目標を達成するための手段のひとつです。目標を達成する、成果を上げるには、いろんな手段を取りうるのに、人の力を借りないことで、自らその可能性を狭めてしまっているのですから。

私のお気に入りの居酒屋には、「終電が間に合わないので、ラストオーダーは22：30でお願いいたします」と張り紙がされています。

以前の日本では「お客様は神様」で、働く側の都合なんてどうでもいい、という風潮が強かったものですが、今はそうではありません。「終電に間に合わないなんて可哀想だから、それは仕方がない」となります。

その代わりラストオーダーまで全力でがんばるから楽しんでいってください、応援してください、みたいな雰囲気なんです。つまり、〔店〕対〔客〕ではなく、みんなでこのお店を作っていきましょう、というようなスタンスなのです。

人間らしさがあってよくないですか。

格好をつけて、いかに自分がすごいかを見せびらかすよりも、欠点をさらしながら「私は○○が得意だから、それについては懸命にがんばるけど、××は苦手だから誰か助けてください」と言う方が、人を巻き込めるし、多くの支持を集められるわけです。

〔人〕対〔人〕の時代においては人間らしさこそが武器になります。

完璧すなわちかっこいいという時代はもう過去のもの。人間らしい欠点に素直になって、人に話せる強さが人の共感を集めるためのキーファクターなのではないでしょうか。

自分にできることは精一杯がんばりましょう。その上で、自分の弱みを語りましょう。

人に助けてもらいましょう。頼りましょう。

すべては目標を達成すること、成果を上げるため。

ひとりではできないような大きなことを、成し遂げてしまいましょう。

34 努力が報われる人は人をヒーローにし、報われない人は人に迷惑をかけまいとする。

あなたは、スパイダーマン、X-MEN、アベンジャーズ、超人ハルクなどの生みの親、スタン・リーを知っているでしょうか。

私は彼が来日したときに、彼と彼のチームと仕事をご一緒する機会がありました。ほとんどのマーベルコミックスを生み出し、マーベルコミックの創始者でもあるスタン・リーには意外な事実があります。

それは、「描けない」ということ、です。

絵が描けません。

スタン・リーは、構想を考え、ストーリーを書き上げて、それを漫画家に語り、描いてもらっていました。そして、出来上がってきたものにフィードバックを重ねながら自分の構想にすり合わせていくことで、数々の名作を次から次へと世に送り出していきました。絵は描けなくても、あれだけのヒーローを生み出し、コミックや映画で世界を席巻したのです。

漫画が大好きで、漫画を作りたい！　と思ったら、ふつうは絵を描く練習をするのではないでしょうか。そしてうまく描けないことがわかると「自分には絵の才能がない」と断念するのではないでしょうか。無理に手を出さず、「おとなしくしておく」ことが多いのではないでしょうか。

でも努力が報われる人は、自分がヒーローになるのではなくて、他人をヒーローにしようとします。だからひとりでは乗り越えられない課題に直面しても、誰かと手を組んで乗り越えていくことができるのです。

「周りに迷惑をかけないように」というのは日本ではよく耳にする言葉。

でも、生きていく上で、人に迷惑をかけるのは当たり前。むしろ自分の力不足で他人の良さを引き出すと考えてみるのはどうでしょうか。自分は持っていない他人の良さを引き出して、ひとりでは成し遂げられなかったものをチームで達成するという考え方です。

とはいえ私も、サッカーチームの運営を始めたとき、自分ががんばらないといけない、人に迷惑をかけないようにしないといけないと思う時期がありました。

「頼らなくても俺がなんとかできる」と、ひとりでがんばっているから結局、行き詰まってしまうし、いろいろうまくいかない。今考えると、たぶん手柄をひとり占めしたかったんです。「すごいね」「がんばってるね」って言ってほしかったんだと思います。

でもそれでできることには限界があります。自分がゼロからすべてを考えてやるよりも、経験のある人にアドバイスをもらう方が圧倒的にポイントがわかります。

今、Ｊリーグのカマタマーレ讃岐で9年間監督を務められた北野誠さんがアドバイザーとして、うちのチームをサポートしてくださっています。地域リーグからＪリーグまでチームを導いてこられた経験や知見によってもたらされるアドバイスは、誰にもマネができないもの。私が死に物狂いでサッカークラブ経営の勉強をしたところで追いつくはずがありません。

Jリーグ屈指の名監督である北野さんに「うちのチームのアドバイザーになって力を貸してください」とお願いするだなんて烏滸《おこ》がましいにも程がありますが、今となっては、助けてもらえていなかったらどうなっていたんだろうとすら思う毎日です。思い切ってよかったです。本当に。


迷惑をかけてはいけないと我慢をくり返す。

他人に頼ってはいけない、自分でなんとかしなければいけないと自分を追い込む。

迷惑をかけてはいけない思いが強いと、どうしたい？という自分の思いよりも、他人の思いを優先することになって苦しくなります。


人は、弱い。できないことがたくさんある。足りないものがある。

だからこそ力を合わせる。助け合う。これが社会というものなのかもしれません。


肩肘を張って強がらない。

大きな夢や目標を立てて、お互いに相手をヒーローにしましょう。

35 努力が報われる人は「わかり合う」を捨て、報われない人はネットの攻撃で疲弊する。

「きっとわかり合える」ということへの期待でたくさんの人が苦しんでいます。でも実際には、たとえ親子や夫婦、恋人であっても、完全にわかり合えることなんてありません。お互いに別々の人間だからです。

生まれ育った環境や生まれ持った性格、積み上げてきた経験などによって価値観が似ていたり、お互いにわかり合える部分があっても、あくまでも部分に過ぎません。

また、全然価値観が似ていない人とは、どんなにがんばっても全く同じ方向を向いて同じ速度で進むことなんてできないんです。これはイギリスに行ったときに学びました。当たり前ですが生まれ育った環境は違うし、そもそも人種や肌の色、宗教なんかも違う。お互いが持つ背景が全く違うから、話の前提が食い違うのです。

それでも社会が成り立っています。それは何もわかり合うことで成り立っているのではなく、尊重で成り立っているのです。

尊重とは、わかり合おうとすることを手放し、相手の発言や思考は生まれ育った環境や民族性、宗教などのアイデンティティを構成するものから生まれているものと解釈することです。そして、相手から見たら自分も不思議な存在に映っている可能性があると認識することで生まれます。

つまり、相手を尊重するには、「自分が正しい」と思い込まないことが大事です。

いろんなバックグラウンドがあって、そこから生まれる考え方は、「それぞれにとって正しい」と思ってきたものだからです。

この日本でも価値観が多様化しています。「いつかわかり合えるはずだ」と思って相手に働きかけることは今まで以上にムダなことに終わってしまう可能性が高いでしょう。

さらには真面目な人ほど、SNSなどでくり広げられる誹謗中傷とも向き合おうとしてしまいます。

誤解を解いて本当に自分が言いたかったことをわかってもらいたい、きちんと説明すればわかってくれるはず……と懸命に相手に自分の思いを伝えようと努力してしまいます。

でも結局、わかり合おうと思っているのはこちらだけ。

相手は最初から悪意を持って貶めるのが目的なのです。自分よりも不幸な人を作り上げることでしか自尊心を保つことができないから、それに食いつけば食いつくほど相手の思う壺だったりするわけです。必死になっているあなたのことが愉快でたまらない。世の中には残念な人もいるんですね。

そんな人たちとわかり合うなんていうのはムダな努力。

無視するかブロックして遠ざけるしかありません。

あなたを攻撃してくる相手は、あなたが相手にしなければ、「コイツは仕掛けても乗ってこないな」と次の「標的」を探して他に行くことでしょう。

「素のあなた」を受け入れてくれる人をもっと大切にする方にエネルギーを使いましょう。

努力が報われる人は、「人は基本的にわかり合えない、もしわかり合える人と出会えたらとてもラッキーだ」ぐらいに思っているので、無理に相手に合わせて好感を得ようとがんばりません。みんなそもそも違って当たり前、簡単にわかり合えるはずなんてないという前提で人間関係を構築した方が、よほど健全なのではないでしょうか。

それだけで気分がラクになります。

今はコミュニティの時代で、SNSなどで価値観を共有できる人を見付けやすくなりました。無理に身の回りの価値観に自分を合わせなくても生きていける時代だと思います。

完全にわかり合うのではなく、お互いに部分的にわかり合えるものがある、つまり共有できるものがあるならば、それを大切にすればいいと思います。

そして相手とわかり合いたいと思ったら、ちょっと努力をしてみる。そして、ちょっと努力をしてみてダメならすぐに手放して、そこに執着しない。仕方がないんです。他人ですから。

自分の人生ですから、お互いにしたくない無理はせずに生きるのがいいですね。

36 努力が報われる人は見返りを求めず、報われない人はギブアンドテイク。

他人に期待しないというところでもお話ししましたが、あなたがどれだけ相手のことを思って親切をしたとしても、それをどう受け取るかは相手の自由です。これはみんな同じ。あなたもそうです。

相手のために何かしてあげたら、その分いつも自分に見返りがあるかというと、そんなことはありません。どんな関係であってもそうですね。

どんなに相手のことが好きで、相手のためにあれこれやってあげたとしても、その人に好きになってもらえるかどうかはわかりません。相手のために尽くしたら、その分返ってくるかっていうと、それもわかりません。

なぜなら、人の心はギブアンドテイクじゃないからです。ギブしても、テイクがあるかどうかはわからないもの。

だから努力が報われる人はギブアンドテイクを前提に行動しません。

自分が相手のためにやりたいからやる。相手からそのリターンが返ってくるかどうかは相手の自由で、返ってくることを前提にしないからです。


一方で、努力が報われない人は、このギブアンドテイクを意識することでストレスを抱えてしまいます。

「せっかく親切にしてあげたのに、なんで?」

「教えてあげたのに、ちゃんとそれにこたえようとしない」

「私ばかりやってあげている」

せっかくの努力がムダになったような気がしてしまいます。相手のことを思って自己犠牲を払った。本当は別のことがやりたかったのに自分を押し殺し、我慢してがんばっている。そして我慢することはいい結果を生み出す、といった思考のスイッチが子どものころから脳に刷り込まれてきているせいで、自分を犠牲にして誰かに尽くすことで自分も幸せになれると思ってしまいます。

「本当の愛と執着を区別しましょう。前者は、何の見返りも期待せず、状況に左右されません。後者は、出来事や感情次第で変わります」。これはダライ・ラマ14世の言葉です。

見返りへの期待の多くは自分の価値基準で相手に求めてしまっています。だから、相手が「◯◯するのは当然だろう」という気持ちを抱きます。ギブするのはテイクするため、という思考になってしまっている状態です。

つまり他人を思い通りに動かしたいという気持ちが前提でギブしている状態なので、他人が思い通りに動かなかった場合に「あいつは一体何を考えているのだ」となります。

相手のため、相手のためと思っているときほどテイクを期待してしまっていませんか。

それならば、いっそのこと、相手のためではなく自分のためにやればいいのです。**自己満足のためにやればいい。**

「人に親切をしている私は素晴らしい」のです。困っている人を放っておくだなんて自分の良心がそれを許さないから相手に親切にしたのです。そこで完結させてしまえばいいですね。

「やってあげている」と、見返りを勝手に期待することで、努力が報われないような気持ちになるわけですから、見返りへの期待を捨ててしまえばいい。

自分を満たそうとすればするほど相手に自分の価値基準を押しつけることもなく、結果として自分もストレスを感じずに済むことができるのです。

ギブアンドテイクによってストレスを抱えてしまうのは、自分の問題であるにもかかわらず相手の問題であると勘違いしてしまうことにあるのではないでしょうか。

だから、ギブアンドテイクではなく、「私がやりたいからやる」でいいのです。見返りを期待せず、圧倒的な努力をする。その結果として、時として実りがある。

圧倒的な努力をしている人は、自分が何をすべきかに常に意識を注いでいるから、他人が自分の行動にどう反応するか、見返りをちゃんと返してくるかどうかなんて気にしている暇がないのかもしれません。

結局のところ、自分が何をするかでしか未来は変わりませんし、それしか与えられた選択肢はありません。誰かにしてあげるという思考は捨てて、「私がやりたかったからやった」と胸を張って言えば良いのです。突き進みましょう。

37

努力が報われる人は異質を「お試し」し、報われない人は「いつも」にこだわる。

気の合う人や同じような価値観を持っている人と過ごす時間はラクですよね。一方で、明らかに自分と雰囲気が違う人と接することって、少し億劫になってしまいます。

努力が報われる人は常にオープンマインドです。

飾らず、前向きで、より良い方法があるならばそれを受け入れ、試してみることに積極的。自分の知識が必ずしも正しいとは思わず、新しい知識を吸収しようとする。どんなことでも先入観を持たずに学べるため、幅広い知識を深く身につけることができるでしょう。そして自分のやり方が必ずしもベストではないと考えているので、他にいいやり方があるならば取り入れようという姿勢を持っています。

一方で報われない人は、自分の知識ややり方こそが正解だと考えてしまい、マインドがクローズになりがちです。新しいことを学ぶのに抵抗を感じたり、自分のやり方にこだわったりして、俗に言う**現状維持バイアス**が作用します。**知らないことや経験したことがないことを受け入れたくない**という心理的傾向のことですね。

認知バイアスのひとつに「**確証バイアス**」というものがあります。ある**思い込みがあると、それを支持する情報ばかりを集めて、反対意見にフタをしてしまう**のです。特に今はSNSなどで自分と似たような価値観を持っている人を見付けることが簡単ですね。でも、考え方ややり方が正しいかどうかは、間違いの可能性も考えないとわからないもの。オープンマインドではない人は、特に自分の考えを変えたくない傾向があって、無意識に都合の良い情報しか集めなくなります。そのため、ますます偏った考えに陥ってしまいます。

より良い自分になるためには、自分を疑ってみることが大事なのですが、これってなかなか難しいのです。だったら異質に出会うことが大事だと思います。

そして異質に出会ったら、なぜ彼らが自分と違うのかを考える。なぜそういうものの考え方をするのか、どんな価値観が背景にあるのかと考えを巡らせてみましょう。

海外に行くのも有効な手段のひとつです。

電車が時間通りに来る日本に比べてほぼ時間通りに来ない国もあります。否定するのではなく、なぜそうなのかを考えてみる。

パリのエレベーターには「閉」のボタンがありませんでした。いつものようにせっかちに「閉」を押そうとした自分が恥ずかしくなりました。生きることに対する価値観が違うんだなと学んだ瞬間でした。

ロンドンの地下鉄に乗ると、同性カップルをよく見かけたものです。そのときに「ありえない」とフタをするのではなく、日本でも同じように性の多様性について社会として向き合う時代が来るだろうと考えれば、夫婦や家族の形の未来を考えることができます。そして最近になって日本でもやっとそれが徐々に認識されるようになってきました。否定しても何も進みませんよね。認め合ってお互いのいいところを出し合うから、より良い社会を作り上げていけるんです。

その時代の圧倒的多数と異なった考え方を持った人が登場するから、時代は前に進んできました。時代の異端児、つまり非常識だと考えられた人が時代を変えてきたわけですよね。

あなたと異なる考え方を持っている人は、もしかしたら一つ先の時代を行っているのかもしれません。あくまでも可能性の話ですが。

ソニーの創業者である井深大さんは「常識と非常識がぶつかったときに、イノベーションが産まれる」と言ったそうです。

あなたは新しい物事に心を開いているでしょうか。

いつものやり方や知っていることの範囲に執着していないでしょうか。

新しいアイデアや情報、意見に心を開くことを楽しむ。

これまで当たり前だと思っていた自分の考えを疑ってみる。

自分の中にある常識と自分の中にない非常識がぶつかったとき、新しい考え方が誕生するのかもしれませんね。

38 努力が報われる人はひとり時間を大切にし、報われない人は群れたがる。

ユングが提唱した「ペルソナ」という言葉を聞いたことがあるかと思います。

「○○社の××担当」という顔。夫や妻としての顔。パパやママとしての顔。習い事での顔。最近通い始めたジムや英会話教室での顔。

元々の意味は、「仮面」という意味ですが、私たちは普段の生活の中でその場その場に応じて「仮面」をつけて暮らしています。

つまり、私たちは、自分で意識するか否かにかかわらず、地位や役割、場面に合わせて態度や行動を変えています。「役割を演じている」のです。

「自分の人生はこれからどうなるのだろうか」。

私は高校1年生の冬、新聞沙汰にもなった事件を起こしてしまいました。16歳にして警察や裁判所にもお世話になり、人生で初めて自分の人生がこれからどうなるのか不安を覚えたことを今でも鮮明に覚えています。退学は免れることができたものの、2週間の自宅謹慎、停学処分。外からの世界と断絶されてしまい、私はそのとき初めて自分と向き合う機会を持つこととなりました。

もともと中学生時代はサッカー部で、3年間のほとんどをサッカーに費やし、サッカー部の誰かと一緒にいたことで自分の居場所について深く考えることはありませんでした。毎日追われるように目の前のことに努力していたのです。

高校生になってサッカーをやめた私は新しい環境の中で、自分の居場所を見付けることに苦労しました。勉強もできず、女の子にモテたわけでもない、何の取り柄もない、誰かから評価されるようなものが一切ない自分に、当然ながら自信を持てるはずもなく……

その中で、友人や先輩たちと不良ぶって過ごすことに自分の居場所を見付けられたように感じていました。「こんな何の取り柄のない僕でもこうやって放課後、遊びに誘ってくれる」。つまり私は常に誰かと群れ、その場の雰囲気に身を任せることで、自分の居場所を確保できたような気がしていたのです。

停学・自宅謹慎となり、ひとりの時間を持たざるを得ない状況になって初めて、私は群れの中で自分の居場所を確保しようとがんばり過ぎていたことに気付きました。

「自分とは誰なのか」「本当はどんなことがしたいのか」「どんな人生を歩んでいきたいのか」ひとりの時間が、そんなことを考える大きなきっかけを与えてくれました。

その経験から私は、日々のスケジュールの中でもひとりの時間を最優先事項のひとつと位置付けています。

仕事やプライベートでいくらでも自分を忙しくできる時代。何かで暇を潰すのは簡単です。でもそうやって思考を外にばかり向けていると、自分と向き合う時間がなくなってしまいます。

自分は一体どんな未来を描きたいのだろうか。

自分が毎日がんばっていることは、本当に自分にとって大切なことなのだろうか。

私たちは、**自分の居場所によってペルソナを使い分けています。その仮面を取る時間を確保できているでしょうか。**

毎日目の前のことを懸命にがんばっている自分と、本来「こうありたい」とイメージする自分との間に溝ができていることをうっすらとでも感じていないでしょうか。
もしそうであれば、積極的にひとりの時間を確保することをおすすめします。

がんばることが、こうありたいと思う自分に近づくプロセスになっていないのであれば、どこかで立ち止まった方がいいと思うのです。がんばって何かを手にしたとしても、理想からほど遠くなってしまっていたら本末転倒です。

自分と向き合う時間を確保できているかと、自問自答してみましょう。
努力が報われる人は常に自分のあるべき姿と向き合っています。そして、今がんばっていることがそこに向かっていっていないかもしれないと思ったら軌道修正します。

寝る前に1日を振り返りながらでもいいし、朝少し早起きをして確保した時間でもいい。ひとりでじっくりと考える時間を確保してみましょう。もしかしたらムダな努力を削ぎ落とすチャンスかもしれません。

第6章

これからを拓く生活習慣編

39 努力が報われる人は今あるものに感謝し、報われない人は今あるもので満たされない。

普段何気なく生活している中に、たくさんの感謝すべきことがあります。

今日も清々しい朝を迎えられること、健康でいられること、美味しいものを美味しいと思えること。

数えたらキリがないかもしれませんが、家庭や職場、プライベートについて、今あなたが手にしているものに感謝しているでしょうか。


努力が報われる人は、感謝する習慣を持っています。「足る」を知っていると言ってもいいでしょう。何も現状に満足をして自分を向上させることをやめるという意味ではありません。今身の回りにあるものへの感謝の気持ちを持ち、自分にできることをさらに追求していきます。

一方で、報われない人はいつも不平不満を口にしています。「でも」「だって」が口ぐせです。

たとえば、コップ半分の水を見たときに、「半分しか水が入っていない」と不満を感じる人と、「半分も水が入っている」と感じる人がいるわけですね。

今日「半分しか水が入っていない」と感じるのに、明日になれば「半分も水が入っている」と考えが変わることは、まずありません。つまり、今手にしているものに感謝できないのなら、明日も感謝できないはずです。つまりはモノの見方を変えるしかないのだと思います。

カリフォルニア大学デイヴィス校のロバート・エモンズ博士らは「感謝日記」についての研究をしました。そして、毎日大きいことでも小さいことでも感謝できることを見付けて、それを日記に書いている人たちは「心の状態」「身体の状態」「人間関係」のあらゆる面でポジティブな効果を感じていることがわかりました。

その結果、自分に自信を持つことができて、より社交的になり、他人に対しても寛大に振る舞えるようになることがわかったのです。

小さなことにでも感謝をする。足りないものにフォーカスするのではなく、今自分が持っているものに感謝することにより、日々に対して前向きな感情を抱きやすくなります。そして人間関係も良好になります。他人に対して感謝の気持ちを持つことが、そうさせるのですね。

周りのいろんな行為や振る舞いに対して感謝することで自分はひとりで生きているわけではないと認識します。そして世界とのつながりを感じることができるようにもなります。自分の弱みを知っているから感謝できるようにもなりますが、逆も同じで、感謝することで自分は周りによって生かされていることも理解できるようになるものです。

エモンズ博士らは、感謝の気持ちがネガティブな出来事に対する捉え方を変え、ストレスや不安への耐性を高めることにつながるのではないかと言っています。

別の調査では、不眠症の人たちに毎晩、感謝日記をつけてもらったところ、わずか1週間で不眠症の症状が解消され、睡眠の質も向上したそうです。日記をつけることで、就寝前の不安や考え事といった気持ちを軽減させてリラックスできるようになり、入眠がスムーズになるのではないかと考えられています。

毎日感謝する時間を設けることで、日々充分に感謝を伝えているつもりでも、それほど伝えられていなかったことに気付くでしょう。小さなことだと当たり前に感じてしまっていた自分に気付くこともあります。

感謝日記を書くために毎晩5分程度確保することをおすすめします。箇条書きで充分。ノートを前にしてペンを持つと、何かを書かなければという意識が働きます。そうやって時間を確保することで、普段は「ありがとう」と伝えられていなかった人に対しても、その存在や日々の行為によって自分が生かされていることに気付くことでしょう。

家族や友達など身近にいる人こそ当たり前の存在に感じてしまいがちです。自分もがんばっているんだから、と片付けてしまっていないでしょうか。1日5分の習慣によって、ポジティブな思考を生み出し、より良い人間関係を持つことができる。素晴らしいと思いませんか。

1日の終わりにその日を振り返る時間を持って、「ありがとう」と感謝することを探してみましょう。報われないなと感じるときにこそ絶大な力を発揮するはずです。

40 努力が報われる人は辛い気持ちを人に話し、報われない人は無理に明るく振る舞う。

私たちは人間ですから、日々いろんな感情を抱きます。調子のいい日は気分が乗り、いろんなことに前向きに取り組めますが、そんな日がずっと続くことはありません。

不安や悲しみ、落ち込み、苦しみ……

ネガティブな感情に心をとらわれることもあります。特にチャレンジしているときは、うまくいかないこともしばしば。そんなときはマイナス感情に振り回されがちです。

一定の周期で必ずと言っていいほどやってくるネガティブな感情ですが、どのように付き合えばいいのでしょうか。

努力を続ける上で、どうこの時期を乗り越えるのかは、とても大きなポイントなのではないでしょうか。誰しも、できる限り早く解消したいと思うに違いありません。

努力が報われる人は感情のコントロールがうまいと思います。ネガティブな感情を受け入れ、上手に自分の中からそれを追い出します。

一方で、報われない人はネガティブな感情をコントロールしようとし過ぎて、こじらせてしまいます。早く立ち直らなければいけない、悲しい顔をしている場合じゃないという真面目な性格が余計に自分を追い込んでしまうのです。

心理学に**リバウンド現象**というものがあります。落ち込んでいるとき、辛いとき、悲しいときには、無理をして明るく振る舞おうとしても、余計にネガティブな感情が強くなってしまうのです。ネガティブな感情を避ければ避けるほど、〝ネガティブな感情〟に意識が集中してしまう。そんな体験、あなたもありませんか。

「**シロクマのジレンマ**」という言葉を聞いたことがある人もいるでしょう。アメリカの心理学者、ダニエル・ウェグナーがある実験を行いました。これはシロクマのビデオを3つのグループに見せた後でそれぞれに次のお願いをしたものです。

グループ①シロクマのことを覚えておいてください。

グループ②シロクマのことは考えても考えなくても良いです。
グループ③シロクマのことは絶対考えないでください。
期間をおいて、それぞれのグループにどのくらいシロクマのことを覚えているのか聞いたところ、グループ③の人たちが一番覚えていました。

「考えないでおこう」と避ける意識を持つことで、逆に考えてしまうのです。仕事で大きなミスをして落ち込んだり、失恋などプライベートで辛いことがあったとき、フタをしようとすればするほど、そのことを考えてしまう。そんな経験がある人は少なくないでしょう。**ネガティブな感情にフタをしたせいで、ますますその感情が勢いを増す**のです。

感情をコントロールする最適な方法は、感情を「悪」とせず受け入れること。
悲しいときにはその悲しい気持ちにどっぷりと浸り、辛いときには辛い気持ちを受け入れる。これがまずは第一歩ですね。

そして素直に自分の気持ちや感情を誰かに伝えましょう。

感情を溜め込まず、吐き出す。

積もり積もって爆発してしまう前に、小さなちょっとした感情でも必ず吐き出す。

誰かに話すことで、溜まっていたモヤモヤした感情が外へ吐き出され、心が浄化されます。話すことでモヤモヤの正体が何だったのかも、具体的に理解できるでしょう。早くラクになるには、ひとりで抱え込まず人に話を聞いてもらうことがとても大事なのです。

がんばっているからこそ、ついすぐに成果を求めたり、うまくいっていないときは焦ってしまいがちです。

しかし、人生にうまくいかないことは常に起こりうるもので、ネガティブな感情から逃げることはできません。だからこそ、無理をしてその感情を避けようとするのではなく、まずは受け入れる。そして信頼できる友人や家族などに自分が今置かれている状況や心境をありのままに話す。そうすると、心がとてもラクになりますよ。

ひとりで抱え込んで、「早くなんとかしなければならない」とがんばらないようにしましょう。

41 努力が報われる人は朝起きたら日光を浴び、報われない人は夜に脳のリズムを破壊する。

あなたは、朝起きてから家を出るまでのルーティンを持っていますか。

朝はカーテンを開けて、しっかりと日光を部屋に取り込んでいるでしょうか。

起床後30分以内に日光を浴びることで、「幸せホルモン」と呼ばれるセロトニンを分泌するセロトニン神経が活性化します。

私が朝起きて一番にすることは、すべての部屋のカーテンを全開にして日光が差し込んでくる環境をつくることです。

曇りの日、雨の日であっても有効です。

それからシャワーを浴びて、紅茶かコーヒーを飲みます。

これで私のエンジンは全開となります。

この一連の流れが、私の1日を作り上げていきます。

朝の日光はセロトニンの分泌を促し、心を安定させて幸せを感じさせてくれます。

一方、メラトニンというホルモンの働きによって私たちは眠くなるのですが、このメラトニンがたくさん分泌されることが良い睡眠には欠かせません。

そしてこのメラトニンの材料が、セロトニンなのです。

「幸せホルモン」セロトニンが、夕方以降に「睡眠ホルモン」のメラトニンに変化し始めるのです。朝に日光を浴びることでメラトニンの材料であるセロトニンの分泌が行われます。

つまりセロトニンが少ない方は、メラトニンの量も少なくなります。すると夜間になっても眠気を催しにくくなるため、なかなか夜、寝付けないということになります。

朝、セロトニンをしっかりと分泌することで、夜の寝付きが良くなり、良質な睡眠が得られるようになるのです。

だから私は朝起きて何をするよりも先にカーテンを開けるのです。

合わせて、新鮮な空気が部屋に入り込むように窓を開けます。

起きた直後に日光を意識的に浴びることで頭と体がスッキリと覚醒しやすくなる効果も期待できます。


努力が報われる人は、いい朝を迎えることが、いい1日につながることを知っています。


だからこそ夜の睡眠の質を高める努力をしています。

一方で、報われない人は起きたときから体も頭も重くて、辛い朝を迎えます。なかなか1日のエンジンがかからず「今日もだるいなぁ」と感じながら家を出ることでしょう。


朝に日光を浴びることでセロトニンの分泌を促すことができるわけですが、このセロトニンの分泌が不足すると、ドーパミンの分泌も不足します。

ドーパミンが充分に分泌されないと、やる気や幸福感を得られませんし、思考が前向きにも意欲的にもなれません。

充分にドーパミンが分泌されると、集中力が向上して物事が進みやすくなるとも言われています。

あなたは朝のルーティンを確立しているでしょうか。

朝、日光をしっかりと浴びることが前向きな感情を生み出すことにつながり、そして夜の睡眠の質を高めることにもつながります。

目が覚めたら、まず寝室のカーテンを開けて日光を浴びてみましょう。

朝、自分にしっかりとエンジンをかけて、1日のスタートダッシュを切りましょう。生産性の高い1日は朝にデザインすることができるのです。

42 努力が報われる人は損切りがうまく、報われない人はもったいなくて塩漬けにする。

「ここまでせっかくやってきたんだから」

「ここまで我慢したんだから途中で放り投げたらもったいない」

と、うまくいかないことや納得のいかないことをズルズルと続けていないでしょうか。

これはまさに損切りをためらっている状況ですね。


損切りとは、損失を最小限にとどめるために、損失額の少ない段階で処分するという意味で、投資の用語ですね。買った株の価格が下がってしまったときに、そこよりもっと下落する前に、持っている株を売って、損失を小幅で確定させることです。

株式投資においては損切りが大切だと言われています。損切りができない人は「もう少し待っていたら価格は戻ってくるだろう」と株を保有し続けます。そして往々にして株価の大幅な下落によってさらに損失が大きくなり、大損してしまうのです。

日常においても、損切りできないと、人生をすり減らしていくことになります。「せっかくここまで我慢してきたのに、今ここであきらめたり投げ出したりしたら、もったいないじゃないか」という心理が働いて、さらに我慢を続けてしまうのです。

一方で、努力が報われる人は、損切りがうまいです。

うまくいかなかったときは潔くその事実を認める。うまくいかなかった自分を受け入れて、次のステップを踏み出します。

植物の枯れた枝葉を切り取るのと同じ。復活するんじゃないかとムダな努力をしているうちに、枯れた枝葉が原因で植物全体が弱くなったり、病気になったりするそうです。ダメだとわかっていることを続けていると、他のうまくいっていることもダメにしてしまうかもしれません。さっさと見切りをつけた方がいいですよね。枯れたものにしがみつくことなく、スパッと切り取ってしまえば、そこから新しいものが生まれてきます。

一方で報われない人は「初志貫徹」、何がなんでも貫こうとがんばってしまいます。それが本当に自分にとっていいものではないとわかっていても、です。貫くことが目的になってしまっていて、それが「ありたい自分」を遠ざけていることに気付いていないものです。

サンクコスト効果という言葉、ご存じでしょうか。

日々、意思決定の連続ですが、これからに関する意思決定をする場合、これまでにどれだけがんばってきたか、どれだけの時間を費やしてきたかは考慮に入れず、「今後それを続ける価値があるか」だけを考えるのが合理的な判断です。

でも、人間は非合理的な選択をしてしまいます。将来にわたって続けることが損失につながることが明らかであっても、**「もったいない」と行動を続けてしまう**のです。それまで費やしてきた費用や労力を惜しむがために。

「柔よく剛を制す」と言います。橋もカチカチに硬いものを作ったら衝撃ですぐに折れてしまいます。だからしなやかに揺れるように作ることで、大水の衝撃にも耐えられる力を持たせるのです。

誰でも「せっかくここまでがんばってきたのに」と思うことを手放すのは、心地いいものではないでしょう。でも、時間もエネルギーも有限です。限られた中で何をやるのか、そして何をやらないのかを判断しないと、重要ではないものであっという間に人生は埋め尽くされてしまいます。

意固地にならず「ここまでがんばってダメならやめる」明確な逃げ口を作りましょう。これはとても勇敢なことです。ダメなことをダメだと受け止めるその強さと、チャレンジから学んだものに焦点を当ててみましょう。

「90日後にここまでを達成できていなかったら、やめる」といったような厳格なボーダーラインを設けると、ズルズルとうまくいかないことを引きずらずに済みます。

そしてこれまで続けてきたものに関しては、本当にこれを貫き通してどんな意味があるのかを自問してみるといいでしょう。

きっと違和感を感じながらも続けてしまっていることがあるはずです。続けることが自分にとって幸せなことなのかをじっくりと考えてみたいですね。

43 努力が報われる人は時間帯で戦い方を変え、報われない人は13時の魔物と戦う。

昼食後の会議や授業は、座っているだけで精一杯、という経験はよくあるでしょう。「集中しなければ」「寝てはいけない」と意識ではわかっているものの、眠さとのバトルに敗れてしまった経験も。

机に向かっていても、頭がぼーっとして進まない、したくてもできない。昼休みで午後に向けてエネルギーをチャージしたつもりなのに、逆の結果を招いてしまっています。

そんな時間帯に、難しいことをがんばってやろうと思っても、なかなか集中できません。むしろ思ったほど進まなかった自分に幻滅してしまう方が多いでしょう。

一方で、誰にでも集中しやすい時間帯はあります。集中しやすい時間帯に集中力を必要とすることに取り組めば、スムーズに進められ、充実感を味わうこともできます。

ですから、努力が報われる人は「いつやるか」を徹底して計算し、1日のスケジュールを組み立てます。**「いつやるか」を変えるだけで成果や能率は圧倒的に変わります。**

逆に、努力が報われない人は、眠くなる時間帯や疲れが出てきて集中が難しい時間帯にも集中力が問われることに取り組もうとしては、なかなかうまく進まないことにストレスを感じてしまいます。

もういろんなところで言われているのでご存じでしょうが、**朝起きてから2、3時間が脳のゴールデンタイム**と呼ばれています。脳が一番活発に活動できる時間帯です。

そして何より、睡眠というのは脳内の整理を行う時間帯なので、脳内がもっとも整理整頓されているのが朝なのです。

だからこの時間帯にクリエイティブな仕事や集中力を要するタスクや勉強をするとスムーズに進みます。

まずはここに重要度が高くて、集中力を要することをスケジュールしていきましょう。

とはいえ時間の経過とともに集中力も落ちてきますし、お腹も減ってくる。人間ですから、それは生理現象で仕方がないことです。

そしてお昼。

昼食にお米やパン、麺類などで糖質をたっぷり摂ると、血糖値が上昇します。特に朝ごはんを食べていないときは血糖値が急上昇。一時的にはエネルギーを補充した気分になれるのですが、体内では膵臓から血糖値を下げる働きのあるホルモンであるインスリンが大量に分泌され、体は血糖値を急激に下げようと必死になります。

結果、血糖値を下げようとして、低血糖状態になってしまうのです。これによって、イライラしたり、眠気に襲われたりと、自分を思うようにコントロールできない感覚に陥ってしまいます。

ですから、昼イチに自分との戦いを避けるためには、昼食では糖質の摂取を控えるのがひとつの方法です。

とはいえこのように眠くなるのが自然なわけですから、昼イチの時間帯の使い方を考えないといけないでしょう。

この時間帯を凌げば、また**集中力が回復してきます。15時以降**でしょうか。

朝ほどのレベルではありませんが、集中力が必要なものに時間を割きやすい時間帯がやってきます。この時間帯をうまく活用して仕事や勉強を進められるといいですね。

私は大学で授業をしたり、講演をしたりしますが、それがどの時間帯なのかによって内容を調整します。

昼イチだとみなさんががんばって眠さと戦っている姿が目に入ってくる。だから「がんばれ！　起きろー！　寝るなー！」ではなく、隣の人とのアクティビティをしたり、グループワークをしたりして刺激を増やすことで空気感を調整します。がんばって寝まいとしている人が最後寝落ちしてしまうのは悲しいですから。

まずは自己分析してみてください。

どの時間帯に集中力が高く、どの時間帯は苦しいか。

人によってそれは違います。

ですから、まずは自分で把握することが大事なのです。

そして、**「しんどい時間帯は必ずある」ことを前提に、いつ何をやるかを考えて**みませんか。

無理に自分と戦うことはいい努力とは言えませんから。

44 努力が報われる人は直感を正解に変え、報われない人は選択を迷い続ける。

パリ出身の女優でありモデルのブリジット・バルドーは
「大切なのは、どの道を選ぶかより選んだ道をどう生きるか」

と言いました。

私たちの毎日は、選択や意思決定の連続です。

選んだ時点での「正解」なんて誰にもわかりません。あなたにも、あのときした決断が「正解」だったか、正直今でもわからないということがあるのではないでしょうか。

選ぶ時点では正解はないのかもしれません。自分が本当に正解を選んだかどうかは、おそらく死ぬまで、いや、死んでもわからないのではないでしょうか。

そうであれば、自分が選び取り、自分がその選択を正解だったと思えるような生き方をすることしか、正解を選択する方法はないのかもしれません。

となればここで大事なのは、**まず自分で選択すること**ですよね。

みんなが思う「正解」を選択したり、誰かに選択してもらったりしても、その選択には誰も責任を取ってくれません。

自分が正解だと思うものを選ぶべきなのです。

本来は自分で選べる力を持ったはずの人でも、やたらと正解を求めるクセがついてしまって、自分で判断できず、その結果、多くの人が苦しんでいるように思います。

子どもの頃から自分で考えて、自分で選択するという習慣がなかったからだと思います。そして今はインターネットで何でも調べることができてしまう。時間をたっぷりかけて失敗しないようにがんばることができるように感じます。

でも、本当にそれが答えなのかは誰にもわかりません。

むしろ重要な決断の答えはインターネット上にはないはずです。逆に相反するような情報があふれていて、どれを信じていいのかわからないこともありますよね。

これまで以上にみんながＹＥＳと言うものでも本当に正しいのかを判断しなければならないし、自分を信じて決断することが求められていくのではないかと思います。

努力が報われる人はこれがわかっているから、判断のスピードも速いものです。

「**ファーストチェス理論**」を聞いたことがあるでしょうか。

ある研究結果によるとチェスをするときに5秒で考えた手と、30分かけて考えた手は、86％が同じなのだそうです。つまり、**長い時間かけて考えて出した結論は、直感とほとんど同じ**。ソフトバンクの孫正義さんもこの理論を支持していることでも有名です。

将棋の羽生善治さんも、「直感の7割は正しい」と言います。これは何もあてずっぽうからくるものではなく、たくさんの経験と思考の蓄積から生まれたもの。ということは、日々自分で選択して、その経験値をしっかりと高めておくことが大事なのだと思います。トライアンドエラーをくり返すことで直感力を磨く。すべてがうまくいくことはまずないので、自分で考えて判断する経験を積み上げていくことが大事なのです。

一瞬で勝負を決めてしまうストライカーは、ゴール前での嗅覚が鋭いものです。なぜだかわからないけれど、そこにいて、試合を決定づけるゴールを奪います。でも、その嗅覚のすべては経験と思考に裏付けられたものです。決して偶然ではないと思います。

私たちが選択しなければならないのは、未来が不確実だからです。いろんな可能性があるからです。雨が降るか降らないかが不確実だから、傘を持って出るかどうかの判断をします。決まった未来はありませんから。

自分で決めるということをくり返してみてください。

38ページでもお伝えしたように目先の成功や失敗よりも、人生という長い目で考えてみましょう。長期的な視点に立つと、**うまくいくかいかないかよりも、自分で決断をしたのか人任せにしたのかということの方がよっぽど人生に与える影響は大きい**ですよね。

そして自分で選択をして、選んだ道を堂々と正解に変えていく努力をしましょう。

短期的に見れば間違っていたかもしれないと思うことがあるかもしれません。でも、そこから学ぶ姿勢を持ち努力を続ければ、きっと正解だったと思える日が来るはずです。

45

努力が報われる人は自分に甘い目標を掲げ、報われない人は自分に厳しい目標を掲げる。

「やらなきゃいけないとわかっているけど、エンジンがかからない」。

気分が乗っているときは何でもサクサク進むでしょうが、疲れが溜まっていたり、気分が乗らないときはエンジンをかけようと思っても難しいですよね。

これは仕方がないことなのだと思いますし、まずはそれを受け入れましょう。

その上で、行動までの心理的なハードルを高めていないかを確認してみましょう。

アルフレッド・アドラーは「高過ぎる目標はやる気を損なう要因となる」と考えました。確かに、あまりに高い目標を立てたがために、やる前から（これは大変だなぁ……）（ちょっと今日は天気も悪いし……）と尻込みしてしまうことはないでしょうか。

たとえば「1日1冊本を読む」と思っていても、（今日は少し疲れが溜まっているからな……）と先送りする。「毎日ジョギングを10キロしよう」と思っていても（そろそろ雨が降りそうだしやめておく方がいいんじゃないか……）と取りやめる。そういう気持ちになることって、度々あると思います。
自分で自分を追い込んでしまうことで、物事が前に進まない状態になっているわけですよね。やる気に満ち溢れているときは、そんなことは考えずにグイグイやります。雨が降っていても、「ここでがんばるから意味があるんだ」だなんて思いながら、心地よく走ります。

思うように気分が乗ってこないとき。そんなときこそ心理的なハードルを自分で高くしないことが大事。むしろハードルを下げる工夫をするのです。
跳び箱だっていきなり「10段跳んでください」とか言われたら怖いですよね。最初は跳べそうなところまで落として、少しずつ段を増やしていくでしょう。

人間は、やりたくないと思っていることでも、いったん始めてしまうと、なんだかんだ気分が乗ってきて、その行動を続けてしまうもの。

「**作業興奮**」という言葉がありますが、**作業に手をつけると、やる気は後から出てくる**のです。たとえば掃除。「大掃除するぞ」というときは少し気が遠くなる思いがするのに、身の回りのものを2つ、3つ片付け始めて、気が付いてみたら数時間片付けしていただなんてことがありますよね。「断捨離だー」とか言って、片付ける予定のなかった古い服まで袋に詰めだしたりするアレです。

努力が報われる人は、気分が乗らないときにも、自分を上手にコントロールできます。だから、**行動目標を立てるときは、まずは小さく行動することを目指す**わけです。

私は原稿を書くときにも「さぁ今日は20ページ分書くぞ。10日続けたら1冊完成だ！」という目標を立てると（そんなに書けないかも……）（アイデアが出てこなさそう……）とか言い訳を考え始める自分がうっすら見えてしまいます。

だからむしろ「とりあえず2、3文だけ思いついたものを言葉にしてみよう」くらいに行動目標を落とします。そうして書き始めると、「そういえばあれもあるな」「こういうのも書いておこう」みたいになって、気付いたら数時間書いているんですよね。

勘違いしてはいけないのは「来年までにあの難関資格を取る」とか「半年で10キロ痩せる」などの高い目標を持つこと自体は何も悪くない、ということです。

ただそれらを達成するためには日々の行動目標が必要ですよね。願っていれば勝手に叶うというものではありませんから。

目標を立てるときは、それを達成した自分をイメージしているので、モチベーションは高いものです。そうなると日々の行動目標を「毎日3時間勉強する」だとか「毎日ジムに1時間通う」とかモチベーションが高くないとできないレベルで設定してしまいます。

ここに落とし穴があります。挫折してしまう人は、これを理解していないことが問題なのです。そしてがんばれていない自分をダメな自分だと思い込んで、余計にマイナスのスパイラルに陥ってしまいます。

「千里の道も一歩から」。大きな目標を達成するにも日々の積み重ねが必要です。目標に押し潰されてしまっては本末転倒。日々の行動目標は甘く設定してみましょう。確実に前進する。一歩でも前に足を進めたらそれでいい。その程度に構えて、自分のエンジンを上手にかけましょう。

46 努力が報われる人は抵抗を歓迎し、報われない人は周りの騒音に屈する。

「どうせうまくはいかないよ」

「やめておいた方がいいんじゃない」

やったこともないのに無責任なことを言う人はたくさんいます。そして、「ね、言ったでしょ」と、今ちょっとうまくいかないだけで言ってくる人がいます。


努力が報われる人は、周囲とはそんなものだと割り切って、どんな声が飛んできても自分を信じます。38ページでお話ししたように、失敗しても学べばいいし、そもそもバットを振らないとヒットもホームランも打てないと考えているからです。

報われない人は、そういう周囲の声に揺らいでしまって、やり通せません。すぐに結果が出ないと「やっぱりみんなの言う通りかな」とあきらめてしまいます。

でも当たり前なんですよね。うまくいかなくて。

プロ野球で一流のバッターでも打率3割。世界の一流ストライカーでもシュート決定率は3割以下なんです。

一流でも百発百中なんかでは全くない。むしろ失敗する確率の方が高いわけです。「ユニクロ」を展開するファーストリテイリングの柳井正さんだって「10回新しいことを始めれば9回は失敗する」（『一勝九敗』新潮社）と言い、うまくいかなければ、撤退すればいいと考えています。

結局何かにチャレンジすれば、どれだけ努力しても、失敗する確率がゼロになることはありませんし、高い目標であればあるほど、むしろ失敗する可能性が高いでしょう。

私は高校一年生のころ、全国模試で偏差値30台を記録するほど勉強が苦手でした。通っていた高校の大学進学率は50％くらいで進学校とはお世辞にも言えず、私の通う普通科コースでは、過去何年も同志社大学に現役で合格した人がいないような状況。だから私が同志社大学を目指すと決めたとき、担任や進路指導先生をはじめ、クラスメイトにも随分笑われたものです。

学年でずば抜けて成績が良かったわけでもないし、直前の模試でもD判定だったから、そう思われても仕方なかったと思います。「お前なんか受かるはずないだろう。浪人してもいいのか」と担任の先生に直前まで言われ続けたものです。

しかし、私の中では勝算がありました。徹底的に過去問を分析したので、模試はあくまでも模試でしかなく、実際の試験とは傾向が異なることをわかっていたからです。

ケンブリッジ大学の大学院を目指すと決めたときもそうでした。私よりも英語が得意な人も、勉強ができる優秀な人も周りにたくさんいたので「本気で言ってるのか」と何度も笑われたことを覚えています。

でもよく考えると、そうやって言う人たちは「やったことのない人」たちなんですよね。最近同じことにチャレンジしてうまくいかなかった人に「お前このままじゃキツいぞ」って言われたら説得力はありますけど、やったことがない人にどうなるかを決められる筋合いはありませんよね。

ビジネスがうまくいかない理由を景気や何かのせいにする人がいますが、うまくいっている会社はうまくいっていますよね。何かのせいにしても何も学ぶことはなくて、どうやったらうまくいくかを常に考えないと何も得るものはありません。

世の中には2つのタイプの人間しかいません。

言い訳を探す人と、方法を探す人。

逆風が吹いたらそれを言い訳にすることは簡単でラクですが、それは自分の人生じゃないとあなたも感じているのではないでしょうか。

飛行機は空気抵抗がないと飛びません。抵抗があるから飛べます。

私は新しいことへの挑戦が好きなので、最近もどれだけがんばっていても周囲からは冷たい声が聞こえてきます。仕方がないと思う一方で、こういった逆風こそが高く飛ぶエネルギーなのだとすら考えています。

そういう声を力に変えていきましょう。

その努力が報われるまで自分を信じることが大事です。

47 努力が報われる人はWHOを積み重ね、報われない人はWHATに重点を置く。

「正しいことをしたければ、偉くなれ」

これはドラマ『踊る大捜査線』に登場するベテラン刑事、和久平八郎の名セリフです。主人公である若手刑事の青島が組織に対して不満を持っているときにかけた言葉です。

がんばっている人の多くが「これはこうすることが大切だ」「こうしていかないと」というような信念を持っていることでしょう。

でもそれがなかなか周りに理解されず苦しい思いをするのです。

「何を言うか」はもちろん大事です。

ただ、チームを動かす、人を動かすとなると、それだけでは不充分だったりします。なぜなら、その人が過去にどんなことを成し遂げてきたのか、あるいはどんな人物なのかで言葉の重みが変わるからです。

毎日ダラダラしている人に「もっと努力したらきっと夢が叶うはずだよ」と言われても何の説得力もありませんよね。一方で、あなたが尊敬する努力家に同じことを言われると、背筋がピンと伸びるはずです。

「もっとあぁして、こうして」と口だけ上司に言われたら反発心を抱きますが、自分から率先して行動するリーダーに言われると納得できます。

もちろんあまりにも理不尽なことや納得できない内容ならば疑問を抱くでしょうが、誰に言われるかによって納得できることの範囲は大きく違ってくるのではないでしょうか。

人を動かすことを考えたときに、努力しなければいけないのは信用を得るということ。

これは日々の積み重ねがものを言います。

「あの人が言うなら仕方ない」

「あの人が言うならやってみよう」

そう思ってもらえるかが大事なので、習慣化された言動が説得力になるのです。

スティーブン・R・コヴィー博士の『7つの習慣』では、「信頼残高」を増やすための方法が紹介されています。信頼残高とは預金のようなもので、口座に預金すれば残高が増えて、お金を引き出せば残高は減りますが、人間関係も同じだという考え方です。

他人に自分の言うことを聞いてもらいたいとき、信頼残高が不足していれば受け入れてもらえない。残高をコツコツ積み重ねておくことが不可欠だということなのです。

つまり、同じことを頼まれても「あの人の言うことなら」と思う場合と、「あの人が言うことはちょっと」と思う場合とがあるのはWHATの土台にWHOがあるわけです。

中でも「小さなことを大切にする」「約束を守る」などの習慣は日々の積み重ねとして大切。小さな無礼や不親切、無神経は、信頼残高を減らしてしまいますね。

また、約束を守るのと守らないのでは、信頼残高に与える影響が大違いです。約束が守れないと、相手との信頼関係のレベルは、以前よりも低くなってしまいますから。

努力が報われる人は、日々の積み重ねこそがいざというときに大きな力になると知っているので、毎日の小さなことを大切にします。人を動かすという点で特にそうです。

一方で報われない人は、瞬間風速的にがんばって、なんとかしようとしてしまいます。

全く勉強をしてこなかった私が、いきなり「予備校に通って大学受験をがんばる」と言い出したとき、両親はＹＥＳと即答してくれませんでした。イヤほど勉強をサボっていたのに高額な投資をしてくれとお願いしても、受け入れにくいのは当たり前ですね。どうせ一時的な思いつきで言っているんじゃないかと思われても仕方がありません。

そこで、親からＹＥＳをもらうために、自分なりにコツコツと勉強を始めました。そしてその様子を見た親から「それだけ本気なんだったら予備校通ってみる？」とＹＥＳを引き出すことができたのです。

冒頭でもお伝えした通り、WHAT、何を言うかは大事ですが、その土台にWHO、誰が言うかがあります。「良いことを言っているのにわかってくれない」「話を聞いてもらえない」と感じたときこそ、それを押し通す努力をするのではなく、日々の積み重ねに努力を注いでみましょう。

48 努力が報われる人は素直にアドバイスを受け入れ、報われない人は応援の力を放棄する。

誰かにアドバイスしてもらった後、あなたはどういう行動をとりますか？

ひとまずアドバイス通りにやってみるでしょうか。

誰かにアドバイスをお願いするのは、きっと物事が思うようにいっていないときですよね。うまくいって満足していたら、アドバイスしてほしいと思うこともないでしょう。

つまり、自分なりに考えてがんばってみてはいるけれど、どこか歯車が噛み合っていないように感じる。思い描いたような結果が出ていない。そんなときにアドバイスを求めるのではないでしょうか。

にもかかわらず、アドバイスを求める人の多くは、アドバイスをちゃんと聞きません。

できる人に話を聞いたのなら、素直に受けたアドバイスをそのまま実行してみて、それから判断したらいいですよね。でも、アドバイス通りにやってみる前にブレーキを踏んで、結局、自己流のやり方にこだわる人が多いように思うのです。

自己流がうまくいかなくてアドバイスを乞うているのにもかかわらず、アドバイスを聞かずに自己流に結局は落ち着いてしまう。がんばり方が間違っているのに、また同じところに立ち戻ってしまうわけです。とてももったいないことだと思います。

私もいろんな人からアドバイスを求められます。

できる限り相手のことを思ってアドバイスしますが、その後の行動によって、応援したい人と応援したくない人が生まれます。

伝えた通りにやってみて「アドバイス通りにやったらうまくいきました」というのがもっともいいのですが、「アドバイス通りにやってみたのですが、どこかうまくいかなくて」というケースも必ずあります。

でもアドバイス通りにやっているのにうまくいかないのならば、「どうにかうまくいってほしい、一緒に次の手を考えよう」という気になります。うまくいくまで応援したくなる人ってこういう人ですよね。

一方で、アドバイスしてもその通りにやらない人に、さらなるアドバイスを求められても（どうせやらないんだから、親身になっても仕方がない……）と感じるでしょう。応援する理由が失われてしまっているのです。

私の教え子の中には、海外で活躍している人もいます。

Aさんは英語に苦手意識を持っていながらも海外留学したいと思うようになって、私の元に相談に来ました。そのときの英語力は英検準2級レベル。留学するにはほど遠いレベルでした。大学生でしたが専攻は日本文学。英語からかなりの距離がありました。でもAさんは半年間で一気に英語力を高め、交換留学に必要な基準をクリア。交換留学の後も海外で働きたいという夢を現実に変え、今も海外で働いています。

Aさんのすごいところは、アドバイスを素直に聞くところ。

私が、「毎日英字新聞の記事をひとつ選んで自分の考えをまとめることを続ければいい」と伝えたところ、コツコツと毎日続けました。それが英語力の大幅なレベルアップにつながり、そのサクセスストーリーは雑誌でも取り上げられたほどです。

何かを成し遂げている人とそうでない人との間にあるのは「努力の差」よりも、物事に対する「素直さの差」の方が大きいのではないでしょうか。

本も同じですね。何かしらの課題を持っているからその本を手に取っているわけですが、書いてあるアドバイスを読んで「なるほど」と思う人はたくさんいます。でも、「じゃあやってみようか」と思って実際に行動に移す人はとても少ないものです。

ここで「差」が生まれるのです。

努力の方向が間違っていてうまくいかない、努力の方向がわからない。そんな課題があるから本を読むのに、結局自分の考えのままにやっても現実は変わらないでしょう。

あなたが「この人だ」と思う人にアドバイスを求めに行ったとき。

伝えられたのが、**どれだけ自分の考えとは異なるアドバイスであっても、ひとまず全乗っかりしてみる**ことをオススメします。

49 努力が報われる人はいいライバルを応援し、報われない人はライバルの足を引っ張る。

あなたにはライバルがいるでしょうか。

ライバルの存在は、スポーツだけではなく仕事や勉強など多方面において人の成長に大きな影響を与えます。

トップアスリートを見てもわかるように、互いを高め合うポジティブな関係が多く見られる選手はどんどん成長を続けます。「あの人もがんばってるから、自分ももっとがんばろう」という気持ちを持てているときはいい状態ですね。

一方で、ライバルの足を引っ張りたくなったり、ライバルが失敗するのを喜んだり、勝つと嫌な気持ちになったりしているときは、横比較ばかりが行われて、自分の成長を止めてしまいます。

大事なことは、ライバルの存在に対して自分がどのような感情を抱いているのかを理解することです。

もちろん努力が報われる人は前者、報われない人は後者です。

競い合えるライバルが存在したときに、相手と自分を比較してばかりではなく、自分の中での縦比較もできることが大切です。

「ライバルを超えるには自分は何をすべきか」と目標に対して逆算をして、自分の取り組むべきことを明確にするのです。

心理学者のノーマン・トリプレットは、自転車レースにおいて、ひとりでタイムを計測しているときよりも、他者と競争しているときの方が、タイムが短くなることを発見したと言われています。**他者の存在によってパフォーマンスが高まる**このことは、心理学では「**社会的促進**」と呼ばれています。

注意しなければいけないのは、常にパフォーマンスが高まるわけではないということです。

たとえば、自分では到底歯が立たないと感じる相手を意識し過ぎると「どうせ自分には無理だ」とあきらめるようになります。そうなると、当然努力はそこまでで、継続するモチベーションが途絶えてしまいます。

「フロー」状態という言葉を聞いたことがあるでしょう。

米国クレアモント大学の心理学者ミハイ・チクセントミハイが提唱したもので、非常に集中した状態のことです。この超集中状態に入るには、自分が立ち向かうタスクの難易度が低過ぎても高過ぎてもダメで、**適度な難易度が大切**だと言われています。

ライバルの存在の場合、簡単に超えられる相手を意識しても仕方がないですし、逆に歯が立たないであろう遠過ぎる存在を意識しても、効果は得られないということです。

いい努力ができている人は、自分の周りでいい結果を出せていない人のことをバカにしたり、あざわらったりしません。もとより圧倒的に結果を出している人について「何か裏があるんじゃないか」などと後ろ指を指すこともしません。なぜなら、いいライバルがいれば、そこに意識を向けているので、それ以外どうこう考える暇もないからです。

ではどうやって互いを高め合うようなライバルを見付ければいいでしょうか。

そのひとつが同じような目標を持っている人たちが集まる勉強会やコミュニティに参加すること。

同じ業界の人ならば、その人がどのような努力や工夫をしているのかを観察したり、話を聞いたりするだけでも明日試してみたいアイデアを得ることができるかもしれません。

そういう意味では、そういう出会いができる環境はとても大切だと思います。


勉強が大の苦手だった私がその自分を変えられたのも、ちょっとがんばったら追い越せそうなライバルをクラス内で見付けたことが大きかったですし、本を出版したいと思ったときも、同じような目標を持った人が集まる勉強会に顔を出して切磋琢磨できる仲間を持てたからだと思います。


誰かの成功に嫉妬するのは、努力が報われない人。

報われる人はライバルの成功を喜び、それを上回れるくらい自分が何をするかにフォーカスするのです。

50 努力が報われる人は運がいいと言い、報われない人は運を手放す。

さまざまな業界で成功した人たちは、異口同音に「自分は運がいい」と言います。

そして実際のところ、どれだけがんばっても、運が良いか悪いかで結果が変わってしまうことが少なくありません。

野外スポーツなんかはそのいい例ですね。

いくら練習でがんばっても、パフォーマンスが出せるかどうかは天候に左右されます。

あるサッカーの監督が仰っていたのは、「いくら練習で試合を想定したトレーニングをしても、試合当日の天気やスタジアムの雰囲気などに影響を受ける。トレーニングの成果を100%出せることは少ない」ということでした。

天気やスタジアムの雰囲気などは自分たちでコントロールできませんから、ある意味、運なのです。

それでも努力が報われる人は運を味方につけます。

物事は運に左右されることを理解しつつ、運を味方につけることができる人。

それはどんな状況でも、「自分は運がいい」と言う人です。

一般的に見たらキツいこと、ツラいことが起こったときにも、「このくらいだったら運が良いよ」と考えます。


私たちの周りで起こることに幸運と不運があるわけではありません。

何が起こっても、運がいいのか悪いのかはあなたのとらえ方次第。

身の回りで起きることは、すべてあなたの人生にとって必要なこと。

そこには何かしらのメッセージがあって、それをどうあなたが見付け出し、どうそれを今後活かすのかが大事です。

そうすることで、物事のとらえ方をポジティブな方向に向けることができます。

そうすることで、運が味方してくれるようになります。

ネガティブでしかなさそうに感じる出来事からも、あなたにとってポジティブな要素を見付け出すことができるからですね。何が起きても見方を変えることでネガティブな出来事もポジティブにとらえることができる。

大変な状況に置かれたとき、誰しも「自分はなんて運が悪いんだ」と考えてしまいがちですね。

そんなときこそ**「自分はラッキーだ。なぜなら～だから」と発想を転換**してみましょう。頭の中だけではうまくできない場合は、言葉にしましょう。口にしてもいいですし、紙に書いてみてもいいでしょう。

「自分はラッキーだ。失敗だらけで自分は何をやってもうまくいかず、自分なんてどうせと思っていたけど、本当に自分を大切に想ってくれている人が誰かわかったから」

「自分はラッキーだ。体調を崩して1週間仕事を休んでしまったけど、自分のこれからについてゆっくり考える時間を持てたから」

「自分はラッキーだ。なんであの人はそんなことを言うのだろうと思ったけど、自分とは全く違う価値観や考え方があるということに気付けたから」

このように物事のとらえ方や受け止め方を転換する方法を、心理学では「**リフレーミング**」と言います。超シンプルに言うと「ピンチはチャンス！」という考え方ですね。

「自分は運が悪い」と思っている人には、明るい光が見えません。いつも暗い部分しか眺められなくなってしまうからです。

そうすればどんどん不運だと感じることが増えていってしまいます。チャンスの芽がそこにあっても気付けないのです。

「運がいい」と言う人のところに運というものは集まってきます。

たくさん努力しても、それが成果につながらないことがあります。

でも自分に起こることはすべて自分のためのもの。何が起きても「自分は運がいい」のです。

おわりに

ここまでお読みいただいてありがとうございました。

この本を書きたいと思ったのは、私の長男の夏休みの宿題がきっかけでした。

算数のワークに取り組んでいた長男は、何度も計算が合わないと嘆いていました。そのワークを覗き込んだ私が気付いたのは、そもそも式の立て方が間違っていて、どれだけがんばって計算しても、答えに辿り着くことはないということでした。

それでも彼は計算のどこにズレが生じているのかばかりに意識がいって立ち往生。そのひとつ前の式の立て方に問題があることに意識が向かなかったのです。

その姿を見て、私は
「これってすべてに言えることだよな」

と感じました。

あなたも含め、みんながんばっています。

でもどこかでボタンの掛け違えがあって、どうがんばってもうまくはいかない状況なのに、まだまだ努力不足だと歯を食いしばっている人をたくさん見てきました。

この本は、そんながんばる人たちにいい努力のヒントを届けたいと思って書きました。

すべてに納得していただく必要はないと思っています。

50のヒントの中からたったひとつの項目でもあなたの考え方を変えるきっかけとなることができるならば、それで私は幸せです。


努力とは一体何なのか。

あくまでもそれは手段のひとつでしかなくて、すべてではありません。

がんばることは美しいかもしれないけど、がんばらなくてもいいならば、がんばる必要はありません。

報われることがない土俵で「逃げ出したらダメだ」と思って歯を食いしばることに意味

はありません。

人生は思うほど長くないのだから、幸せに生きること、自分が本当にやりたいことに忠実に生きることを選択する方が、よほど大切なのではないでしょうか。

自分に鞭を打ってまでがんばらないといけないことは、本当にそれしか方法がないのでしょうか。

それとも、その方法を知らないだけなのではないでしょうか。

そんな疑問をみなさんに投げさせてもらいました。

かくいう私も、反省の日々です。この方向で進めていこうと思って試してみても思うような成果がついてこないことはたくさんあります。そんなときに「努力が足りないからだ」と片付けてしまうのは簡単なことだと思います。

大切なのは、本当にそれがいい努力なのかを疑うこと。

がんばり屋さんのあなたですから、この先もまたがんばっているのに報われないと感じることはあるでしょう。迷い悩むことがあるでしょう。きっとありますよね。

そんなときにはちょっと立ち止まって、この本を取り出してもらえたら嬉しいです。努力を、そして人生を見つめ直すチェックリストのように使ってください。

最後になりましたが、本書を通してあなたと対話できたことに感謝しています。そしてまたどこかでお話しできる日を楽しみにしています。

２０２３年１月吉日

塚本　亮

［著者］
塚本 亮（つかもと・りょう）

ジーエルアカデミア株式会社代表取締役。京都山城スポーツクラブCEO。

1984年京都生まれ。高校時代、偏差値30台、退学寸前の問題児から一念発起し、同志社大学に現役合格。その後、ケンブリッジ大学で心理学を学び、修士課程修了。帰国後、京都にてグローバルリーダー育成を専門とした「ジーエルアカデミア」を設立。心理学に基づいた指導法が注目され、国内外の教育機関などから指導依頼が殺到。これまでのべ4000人に対して、世界に通用する人材の育成･指導を行ってきている。

また、映画『マイケル・ジャクソン THIS IS IT』のディレクター兼振付師であるトラヴィス･ペイン氏をはじめ、世界の一流エンターテイナーの通訳者を務める他、インバウンドビジネスのアドバイザリとしても活躍。2020年にはJリーグを目指すサッカークラブ「マッチャモーレ京都山城」を設立。

主な著書に『ネイティブなら12歳までに覚える80パターンで英語が止まらない！』（高橋書店）、『頭が冴える！毎日が充実する！スゴい早起き』（すばる舎）、『「すぐやる人」と「やれない人」の習慣』、『「すぐやる人」の読書術』（明日香出版社）などがある。


努力が「報われる人」と「報われない人」の習慣

2023年 1月21日 初版発行
2023年 3月 7日 第13刷発行

著　　者　塚本 亮
発 行 者　石野栄一
発 行 所　明日香出版社
〒112-0005 東京都文京区水道2-11-5
電話 03-5395-7650（代表）
https://www.asuka-g.co.jp

印刷・製本　株式会社シナノ印刷

 ISBN 978-4-7569-2249-6

ISBN978-4-7569-2056-0

「段取りが良い人」と
「段取りが悪い人」の習慣

鈴木 真理子著

Ｂ６判　240 ページ

本体 1400 円＋税

段取りが悪くて、毎日残業。プライベートの時間が取れない。自分ひとりでやる仕事ならまだいいのだが、他人と一緒に進める仕事の場合、その人達まで巻き添えにしてしまう。そんな悩みを持つ方に、仕事が遅れず、時間通りに終わらせる方法を 50 項目で解説しました。

ISBN978-4-7569-2010-2

「すぐやる人」の読書術

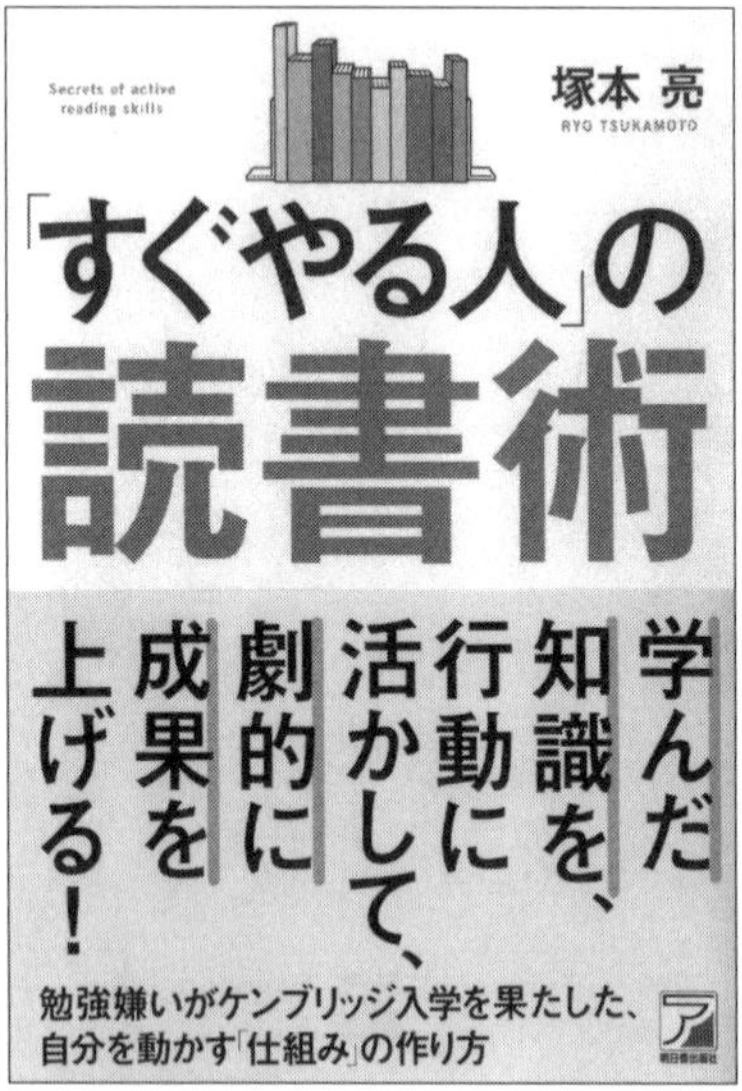

塚本　亮著

Ｂ６判　240ページ

本体 1500 円＋税

行動力のある人は、読書には「行動を加速させる装置」があることに気づいている。すぐに行動に移せる人はどう読書を役立てているのか。「動く」「シェアする」「集める」の３つのやり方を丁寧に紹介し、すぐやる人になるための読書術を、ノートとの連携を紹介しながら教え説く。

ISBN978-4-7569-1945-8

「すぐやる人」のノート術

塚本　亮著

Ｂ６判　240 ページ

本体 1400 円＋税

頭の中であれこれ考えていると、結局は何も動けなかったりする。

すぐやる人は、ノートというツールを使い、思考の整理を行ったうえで、実行に移しているもの。

著者が高校時代からつけている２つのノート術を軸に、実行力の高まるノートのつけ方を紹介。

ISBN978-4-7569-1876-5

「すぐやる人」と「やれない人」の習慣

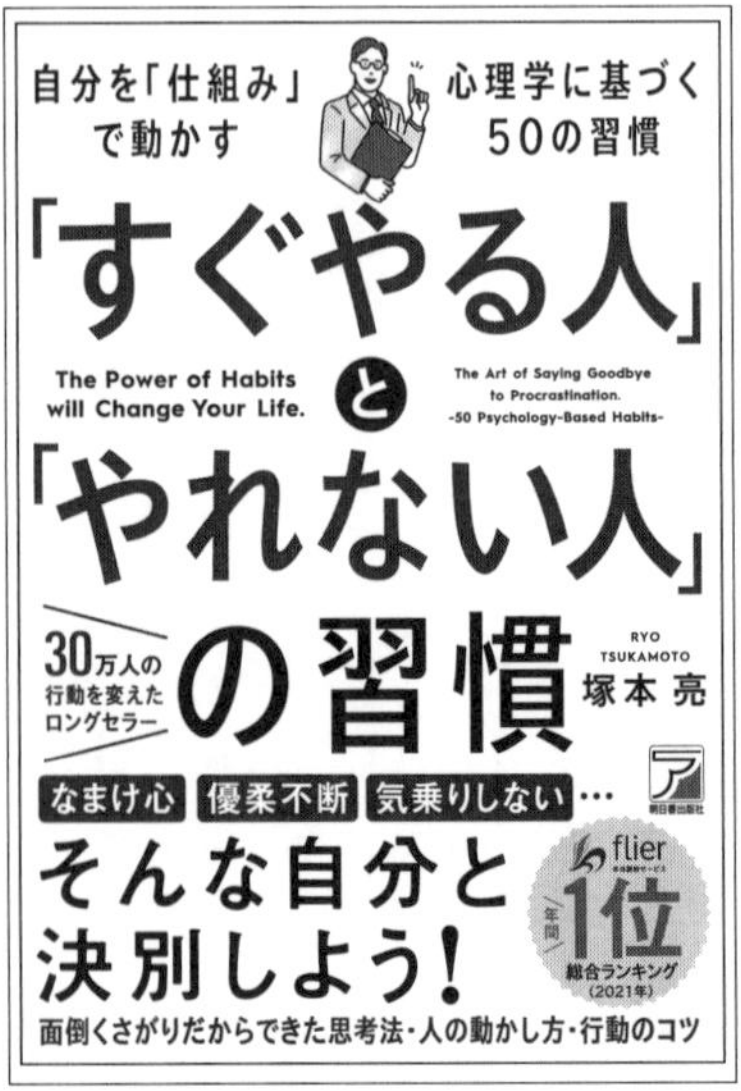

塚本　亮著

Ｂ６判　240 ページ

本体 1400 円＋税

「難しく考えてしまい、結局動けない」「Ａで行くか、Ｂで行くか悩んでしまう」など、優柔不断ですぐに行動に移せないことに悩む人は多い。そんな自分を責めて、自分のことが嫌いになる人もいます。そういう想いをとっぱらいいざという時に行動できる自分になるために、心理学的見地と実際に著者が大事にされている習慣をもとに説いていく。できない人と対比することにより、「自ａはこの傾向があるから気をつけよう」と喚起を促すことができる。